남성의 수명 연장을 위한 요리
남편을 90살까지 살리는
매일반찬

남성의 **수면 연장**을 위한 요리
남편을 90살까지 살리는 매일반찬

1판 1쇄 발행 2007년 2월 20일
1판 4쇄 발행 2007년 8월 15일

지은이_이종임
펴낸이_송하성
펴낸곳_도서출판 올리브 M&B(주)
출판등록 제 22-2372호(2003년 7월 14일)

사진_이철(철스튜디오)
스타일링_박정윤

기획·진행_강혜경
마케팅_최석원
경영지원_김연향·이나야
디자인_ere com
교정_김은정

주소_서울시 서초구 방배4동 866-3 유일빌딩 6층
전화_02-3477-5129
팩스_02-599-5112
홈페이지_www.olivemnb.com

ISBN 978-89-90673-09-1   13590

12,000원

출판사의 허락없이 무단 전제와 복제를 금합니다.
도서출판 올리브 M&B(주)는 독자 여러분의 목소리에 항상 귀 기울이고 있습니다.

남성의 수명 연장을 위한 요리
남편을 90살까지 살리는
매일반찬

식품공학박사 · 요리연구가 이종임 지음

올리브 M&B[주]

책을 시작하며

내가 남편의 건강을 지키는 방법

신혼 시절, 가장 어려웠던 일을 들라면 남편의 입맛을 맞추는 일도 다섯 손가락 안에 꼽을 수 있다. 고기라면 사족을 못 쓰고 간장 소스 하나를 쳐도 두 세 번 넣어야 비로소 맛을 느끼는 남편과 채소 위주의 기름기 없는 반찬을 좋아하던 나는 밥상에서 사사건건 부딪히며 '두 사람분'의 식탁을 '한 상에 차리는' 웃지 못할 나날을 보내기도 했다.

어쩌면 그리도 몸에 나쁘다는 음식만 좋아하는지, 흰밥과 고기에, 기름기 가득한 중국요리를 달고 사는 남편을 보는 것이 명색이 요리연구가인 나로서는 답답할 노릇이었다. 남편과의 '밥상 싸움'을 통해 사람의 '입맛'을 고치는 것이야말로 하루아침에 이루기 힘든, 장기적인 '투쟁'의 결과임을 새삼 느끼게 되었다.

그러던 우리 집 식탁이 '웰빙 스타일'로 바뀐 결정적인 계기는 5년 전, 남편이 자신의 건강에 적신호를 느끼면서부터이다. 병원 진료와 학교 강의로 바쁘게 돌아가던 남편이 자주 이유 없는 피곤을 호소하더니 급기야 동료 의사로부터 "중년 남성에게 피곤이야말로 건강의 시한폭탄"이라는 경고를 듣게 되었다. 이후 남편 스스로 건강을 챙기기 시작하면서 비로소 '25년 식탁 전쟁'을 마감하고 '평화롭고 온화한 아침상'을 차릴 수 있게 됐다.

내가 남편의 건강 관리를 위해 주부들에게 가장 주의하라고 가르치는 것은 가급적 외식을 줄일 것을 강조하는 것이다. 간이 세고 기름기도 많은 '외식이 곧 건강의 적'이라는 신념을 철칙처럼 믿고 있는 나는 불가피한 경우가 아니라면 외식은 삼갈 것을 누누이 강조한다. 그리고 외식을 하더라도 한 번쯤 건강을 생각하고 메뉴를 결정할 것을 다시 한 번 강조한다. '입에서 원하는 인위적인 맛'을 살리는 외식을 즐기다 보면 건강을 생각하는 아내의 손맛이 더 맛없게 느껴질 수밖에 없다.

내가 남편의 건강을 위해 특별히 준비하는 음식은 토마토주스이다. 토마토는 비타민이 많고 항암 성분이 풍부하며 중년 남성이 조심해야 할 전립선의 건강을 위해서도 필수적인 채소이기 때문이다. 유기농 토마토를 갈아 만드는 주스는 주부의 입장에서도 간편하게 만들 수 있어 더욱 좋다.

또한 항산화물질이 많이 든 채소를 밥상에 자주 올린다. 항산화물질은 암과 노화를 예방하는 효과가 있는데 감자, 당근, 호박, 브로콜리, 양파, 마늘, 버섯, 고구마 등이 대표적이다. 이런 채소는 모두 고혈압과 당뇨병 등 각종 생활습관병을 예방하는 뛰어난 갱년기 치료제이자 백신이다. 따라서 평소 음식으로 이런 채소를 많이 섭취하는 것이 중요하며 40대 이후 남성들의 건강을 위해서는 거의 필수적인 식재료라 할 수 있다.

매 식사 때마다 콩 요리를 빼놓지 않는 것도 내가 남편의 건강을 챙기는 방법

이다. 두부를 부치거나 청국장찌개를 끓이거나 콩국수를 올리는 등, 끼니마다 콩으로 만든 반찬 하나는 반드시 밥상에 올린다. 그리고 마지막으로 남편의 식사 시간을 가급적 규칙적으로 하려고 노력한다. 따라서 특별한 약속이 없는 한 집에서 먹는 남편의 저녁 식사 시간은 7시를 넘기지 않는다. 규칙적인 식습관이야말로 그 어떤 영양식을 먹는 것보다도 건강에 좋다고 믿기 때문이다.

　두 남매를 낳고 결혼 생활 30년째이다. 이제와 돌아보니 어느덧 미운 정 고운 정 다 들어 낡고 헤졌지만 편한 구두처럼 더없이 좋은 친구가 된 남편. 이제 환갑을 바라보는 나이가 되니 제일 부러운 것은 머리 희끗한 노부부가 다정하게 길을 걸어가거나 운동을 함께하는 모습을 보는 것이다. 그런 모습을 볼 때면 나 역시 바깥일로 시간에 쫓기고 정신없는 나날이지만 남편 건강만큼은 확실하게 챙겨 오래도록 해로하는 부부가 되어야겠다는 다짐을 한다. 나이가 들수록 부부가 함께 늙어가는 것만큼 행복한 것은 없다는 생각이 들기 때문이다.

　모 탤런트가 지난 시절 광고에서 했던 말, "남자는 여자가 하기 나름이에요."는 부부의 백년해로에도 그대로 적용된다. 그리고 이 책을 읽는 젊은 여성들에게 현명한 아내는 남편의 건강도 똑 소리나게 챙기는 여자라는 말을 꼭 전해주고 싶다.

　　　　　　　　　　　　　　　　　　　　　　　요리연구가 이종임

이종임이 제안하는 남성의 식생활 수칙

요리 대가 이종임이 제안하는 남성의 수명 연장을 위한 식생활 수칙 8가지

식생활을 바꾼다는 것은 결코 쉽지 않은 일이다. 오래 길들여진 입맛을 바꾼다는 것 자체가 남성들에게는 어려운 일인데다, 직장 생활 등으로 이래저래 바쁜 가운데 단단한 마음의 결단과 시간을 투자하여 실천하는 노력이 필요하기 때문이다. 그러나 수명 연장을 위해 이제 남성들의 식탁은 변해야 하고, 그들의 식습관은 바뀌어야만 한다. 인내를 가지고 실천하면 좋은 이종임이 제안하는 남성의 식생활 수칙은 다음과 같다.

1_ 외식을 줄여라.

사회생활을 하다 보면 피할려야 피할 수 없는 것이 외식이다. 그러나 간이 세고 기름기도 많은 '외식이 곧 건강의 적'이라는 생각을 확고히 하고 불가피한 경우가 아니라면 외식을 삼가는 것이 건강을 지키는 지름길이다. 비만이나 고혈압, 고지혈증 등 많은 생활습관성 질환들은 결국 잦은 외식이 원인일 수 있다. 외식을 피할 수 없다면 건강식 위주로, 생각하면서 메뉴를 고르는 습관을 가져야 한다.

2_ 식사 시간을 규칙적으로 하라.

식사를 규칙적으로 하는 것은 매우 중요하다. 우리 몸이 아무 음식도 요구하지 않는 때, 즉 불규칙한 간격으로 식사를 하면 장기를 비롯한 신체의 각 기관들도 불규칙하게 운동하게 되고, 이것은 인체의 원활한 신진대사를 크게 저해한다. 지난해 세계 6개국, 11개 대학이 참여한 국제백세인연구단에서 100세가 넘은 '백세인'을 연구한 결과 '규직적인 식습관'을 장수의 주요 요인으로 꼽기도 했다.

3_ 남성이여, 샐러드를 사랑하라.

비타민 C가 많은 채소는 담배의 니코틴 작용을 감소시켜 준다. 따라서 흡연자의 경우 과일과 채소를 통해 비타민 C를 충분히 섭취해야 한다. 또 비타민이 충분하지 못하면 섭취한 음식이 에너지로 쓰이지 못하고 몸속에 축적되어 결과적으로 남성에게 만병의 근원인 비만을 초래한다. 채소를 주원료로 하는 샐러드를 사랑해야만 하는 이유가 여기에 있다.

4_ 통곡식류로 몸의 독성을 빼라.

통곡식류에는 식이섬유소가 많아 배변을 좋게 해 주고 몸속의 독성 성분이나 발암물질들을 함께 배설해 주며, 비만 예방, 항산화 효과가 있다. 흰쌀밥을 많이 먹고 잦은 외식과 육류 섭취가 많은 직장 남성들은 통곡식류 섭취를 일상화하는 게 좋다.

5_ 블랙푸드를 자주 먹어라.

검은쌀은 흰쌀보다 단백질, 지방, 비타민 B1·B2, 무기질, 아미노산이 풍부해 콜레스테롤 수치를 낮춰 주며 노화 방지와 항암 효과도 뛰어나다. 특히 간세포의 활성화를 돕는 셀레늄이 풍부해 음주를 많이 하는 남성들이 많이 먹으면 좋다. 검은쌀과 함께 검은콩과 검은깨 등 블랙푸드는 남성들의 신장 기능 강화에도 효과가 좋다.

6_ 남성에겐 토마토가 보약이다.

토마토의 붉은 색소인 라이코펜은 항산화 작용이 있어 동맥 경화, 항암 예방에 효과가 있으며 특히 남성의 전립선암을 예방하는 대표적인 식품이다. 최근 남성들에게 공포의 대상이 되고 있는 전립선암을 예방하려면 토마토를 자주 먹는 게 좋다.

7_ 우리밀가루 음식을 먹어라.

〈동의보감〉에 의하면 밀가루는 위와 장을 튼튼하게 해 몸이 단단해지나 묵은 밀가루는 열과 독, 풍을 유발하므로 오래된 밀가루는 이롭지 못하다고 한다. 남성들 가운데 밀가루 음식을 좋아하는 사람이 많다. 유통 기간이 긴, 수입된 밀가루보다 값은 좀 비싸지만 반드시 우리밀가루를 먹는 것이 좋다. 특히 우리밀가루는 농약을 거의 사용하지 않는다는 것도 기억할 만하다.

8_ '한국적인 패스트푸드'에 길들여져라.

피자와 햄버거 등 패스트푸드는 열량이 높고 햄이나 베이컨 같은 화학 첨가물이 사용된 육가공 재료가 많이 들어 있으므로 남성에게 더욱 좋지 않다. 피자나 햄버거를 먹더라도 위와 같은 육가공 재료 대신 고기와 채소 등 자연의 재료를 이용해 '한국적인 패스트푸드'를 만들어 보자. 몇 번 해보면 시간이나 비용도 많이 들지 않으면서 배달 음식에 길들여진 입맛을 단번에 바꿀 정도로 맛도 좋다.

CONTENTS

책을 시작하며

이종임이 제안하는 남성의 식생활 수칙

봄

- 18 담배와 매식으로 찌든 남편의 몸을 해독한다 냉이청국장가루된장무침
- 20 흡연과 스트레스 많은 남편에게 샐러드는 보약 돌나물흑두부샐러드
- 22 감각적인 남성이 사랑하는 웰빙 샐러드 라이스샐러드
- 24 넘치는 암 환자들, 남편을 위해 항암 음식은 필수 검은깨대추죽과 새송이버섯장조림
- 26 육류 섭취가 많은 직장 남성의 대장암을 예방한다 통밀빵샌드위치와 딸기주스
- 28 다양한 컬러 식품을 간편하게 먹는 방법 모둠채소구이샐러드
- 30 고영양의 푸른콩 싹으로 만든 새로운 덮밥 푸른콩싹버섯덮밥
- 32 미나리의 재발견, 피가 맑아야 생활습관성 병이 없다 돌미나리주꾸미무침
- 34 소양인 남편에게 잘 맞는 건강 돼지고기 요리 유자청깨소스를 곁들인 삼겹살조림
- 36 건강 채소에 살짝 더해진 상큼함 모둠채소와 오렌지겨자드레싱
- 38 '피곤'을 입에 달고 사는 남편을 위한 봄날 한 끼 봄나물비빔밥
- 40 신진대사를 높여 나른함을 없애주는 간편식 조개쑥수제비
- 42 뚱뚱한 남편을 위한 다이어트 생선 요리 병어조림
- 44 육식을 많이 하는 남편을 위해 검은콩가루를 넣은 햇감자전
- 46 과음한 남편의 숙취 해소를 위한 간편 요리 아스파라거스쇠고기말이구이
- 48 밤이 두려운 남편을 위한 우리 맛 빈대떡 산마해물채소전
- 50 비싼 한우 고기의 착한 대용식 두부스테이크
- 52 핼쑥해진 남편의 기운을 북돋워주는 임금님 대접 꽃게탕
- 54 왠지 정갈한 생선구이가 생각날 때 일본식 삼치구이
- 56 아삭하게 씹히는 고소한 맛 새우파프리카전

CONTENTS

여름

- 60 원기 없는 남편에게 주는 여름 영양밥 전복수삼밥
- 62 술 모임이 잦은 남편에겐 검은쌀밥이 좋다 검은쌀백숙
- 64 보신탕도 울고 갈 간편한 여름 보양식 수삼오이말이
- 66 메밀, 오래 살고 싶으면 자주 먹어라 냉메밀쟁반
- 68 중년 남성이여, 기름진 생크림 소스는 잊어라 파스타콩국
- 70 값싸고 폼나는 여름철 일품요리 게살냉채
- 72 부침가루도 메밀을 쓰면 웰빙이다 참나물메밀전병과 무침
- 74 반찬하기 힘든 여름을 위한 밑반찬 두 가지 새우마늘종볶음과 뱅어포구이
- 76 소양인 남편에게 해주면 좋은 냉채 새우녹차찜냉채
- 78 간편하고 다이어트에도 좋은 견과류과일샐러드와 두유선식
- 80 남성의 천적, 전립선암을 예방한다 콩샐러드와 토마토주스
- 82 여름철, 간편하고 맛있는 술안주를 찾는다면 오이참치회

- 84 고지혈증이 의심되는 남편을 위해 가지아스파라거스무침
- 86 여름엔 음료도 가려 마셔야 건강하다 오미자화채, 웰빙미숫가루화채, 녹차라테
- 88 더위를 이기는 얼큰하고 푸짐한 한 끼 닭육개장
- 90 이보다 더 시원할 수 없는 냉국 두 가지 도토리묵오이지냉국과 오이해초냉국
- 92 시원하고 담백한 맛으로 즐긴다 여름 만둣국
- 94 때로는 멋진 양식으로 분위기를 내고 싶을 때 연어허브구이와 옥수수통마늘구이
- 96 남편을 위한 여름철 건강 나물 세 가지 두릅순나물과 깻잎나물, 들깨향의 고구마순나물
- 98 된장과 호박이 만나 만병을 물리친다 쌈밥과 해물쌈된장

CONTENTS

가을

- 102 가을철, 양질의 단백질로 영양을 공급한다 메로된장구이와 버섯채소볶음
- 104 남편을 위한 건강 디저트 두 가지 사과조림오렌지소스와 레드와인에 졸인 배
- 106 담백한 생선과 상큼한 소스의 만남 흰살생선찜
- 108 깔끔한 맛의 고기구이 라임소스샤브샤브구이와 수삼샐러드
- 110 가을철, 남편의 활력을 위해 게살과 치즈를 넣은 생표고버섯양념꼬치구이
- 112 양의 성질을 가진 남편을 위한 보양식 낙지버섯전골
- 114 하기 쉽고 영양도 만점, 가을 밑반찬 두 가지 생더덕장아찌와 통도라지찹쌀구이
- 116 매운 찜을 좋아하는 남편에게 황태콩나물찜
- 118 기름지고 느끼한 스파게티야, 물럿거라 한국식 해물스파게티
- 120 재료 본연의 맛을 살린 해산물과 건강 소스의 조화 매운 해산물냉채
- 122 가을철 남편의 스태미나식으로 안성맞춤 패주수삼꼬치구이

- 124 남편의 빈속을 따뜻하고 부드러운 죽이 위로한다 참마달걀죽
- 126 생활습관성 질병 예방에 좋은 손쉬운 간편식 통단호박수프와 건강 빵에 곁들이는 마늘잼
- 128 가을에 맛보는 이탈리아의 향취 보리리조토와 채소피클
- 130 변비로 고생하는 남편에게 새우토란들깨탕
- 132 칼로리 낮은 일품요리의 대표 유자닭봉연근구이와 실부추겉절이
- 134 블랙푸드로 만든 담백한 잡채가 뜬다 콩나물흑미잡채
- 136 와병 후 건강을 회복해야 할 남편에게 송이버섯구이와 송이버섯밥밥
- 138 중년 남성의 콜레스테롤 관리를 위해 두부견과류조림
- 140 40대 이후 남성들에게 마요네즈드레싱 대안으로 쇠고기유자청구이와 무샐러드

CONTENTS

겨울

- 144 쇠고기와 밤, 그리고 샐러드의 완벽한 조화 견과류떡갈비구이와 요구르트유자드레싱
- 146 묵은 밀가루는 건강의 적 쌀국수해물탕
- 148 지방이 적은 돼지고기 구이를 원한다면 항정살녹차소금구이와 메밀싹겉절이
- 150 겨울철 면역력을 높여주는 굴튀김깐풍부추
- 152 겨울을 위한 따뜻한 차 두 가지 로열밀크티와 말차
- 154 소갈비보다 저렴하지만 맛은 두 배 매운 돼지갈비오렌지엿조림
- 156 눈 오는 날 남편의 술안주로 안성맞춤 김치버섯누름적
- 158 **중년 남성이 자주 먹어야 할 첫 번째 음식** 단호박치즈구이와 검은깨전병
- 160 **숙면을 못 취하는 남편의 심신 안정을 위해** 조랭이떡대추탕과 수삼연두부주스
- 162 돼지고기 없이 담백하게 끓이는 비지찌개 황태버섯비지찌개
- 164 남편을 위한 겨울철 건강 디저트 두 가지 단호박양갱과 흑초밤맛탕
- 166 샐러드에 크루통 대신 말린 청국장을 닭가슴살청국장샐러드와 홍시드레싱
- 168 웰빙 시대, 똑똑한 주부가 반드시 알아야 할 모둠샤브샤브와 쌈밥
- 170 살은 안 찌면서 영양은 풍부한 생선탕 대구맑은탕
- 172 꽁치를 먹으면 신경통이 사라진다 꽁치허브구이
- 174 한국식 피자는 맛 없다고 믿는 사람이라면 꼭 맛봐야 할 웰빙불고기피자
- 176 상큼한 아이디어 하나가 남편의 건강을 지킨다 낙지들깨볶음
- 178 고기의 진미를 느낄 수 있는 환상의 하모니 L.A갈비스테이크와 도라지미나리생채
- 180 겨울철, 입맛을 잃은 남편에게 홍어회배추쌈
- 182 상큼한 와인 한 잔과 어울리는 겨울 별미 석화냉채
- 184 Index

* 차례의 별색 표시는 계절별로 마련한 건강 간편 아침상 차림입니다.

* 이 책에 나오는 매실청은 매실에 동량의 설탕을 넣어 고루 버무려 항아리에 3개월 정도
숙성한 후 샐러드 드레싱, 무침, 나물 등의 양념에 사용하면 음식의 향과 맛을 살려줍니다.

* 이 책에 사용된 계량 단위는 1컵 200cc, 1큰술 15cc, 1작은술 5cc이며, 모든 레시피는
4인분 기준입니다.

봄

겨울에는 신선한 채소가 귀해 비타민 섭취가 부족하기 쉬우므로 봄이 되면 비타민을 가장 많이 함유하고 있는 봄나물로 겨우내 움츠렸던 몸에 양기를 북돋워주자. 제철 봄나물은 비타민 A, C가 많고 특유의 향과 쌉쌀한 맛으로 입맛을 돋워준다. 또한 봄나물에는 섬유소가 많아 나물로 무치거나 쌈으로 이용하면 몸의 독소를 제거해주며 배변 효과와 변비 예방에 도움을 준다. 봄나물을 무칠 때에는 신맛을 강하게 살리는 것이 음양오행의 이치이다.

Cooking for Your Man

✱ 담배와 매식으로 찌든 남편의 몸을 해독한다

냉이청국장가루된장무침

재 료

주재료_ 냉이 200g, 붉은 파프리카 1/6개, 양파 1/2개, 다진 파 1큰술, 다진 마늘 1작은술, 들기름·통깨·소금 약간씩
양념장 재료_ 된장·고추장·청국장가루 1큰술씩, 설탕 1작은술, 물 2큰술

만 드 는 법

1 냉이는 뿌리 부분을 잘 다듬어 씻은 후 끓는 물에 소금을 넣고 파릇하게 데친 다음 찬물에 헹궈 가볍게 눌러 물기를 걷는다.
2 파프리카는 4cm 길이로 채썰고 양파는 곱게 채 썰어 얼음물에 담갔다 건진다.
3 볼에 분량의 양념장 재료를 한데 넣어 촉촉하게 갠다.
4 ③에 냉이와 파프리카, 양파, 다진 파와 마늘, 들기름을 넣어 조몰락조몰락 버무린 다음 통깨를 뿌린다.

POINT✱

냉이는 뿌리에 흙이 많으므로 물에 한동안 담갔다가 깨끗이 손질합니다. 또 데친 냉이를 너무 꼭 짜면 고유의 향이 사라지니 주의하세요.

아내가 꼭 알아야 할 식재료 건·강·상·식

청국장은 단백질과 지방, 비타민, 무기질이 풍부하다. 지방 중에서도 불포화지방산인 DHA 함유량이 많아 신진대사를 원활히 도와준다. 청국장 속의 발효균과 섬유질은 배변을 좋게 해 장을 튼튼히 해주며 비만도 예방하므로 나물을 무칠 때 청국장가루를 이용하거나 소스에 넣으면 좋다.

Cooking for
Your Man

* 흡연과 스트레스 많은 남편에게 샐러드는 보약

돌나물흑두부샐러드

재 료

주재료_ 돌나물 100g, 흑두부 1/2모, 오이 1/4개, 미니 파프리카(노랑, 빨강) 1개씩, 호두 2알, 통깨·소금·올리브기름 약간씩

달래고추장드레싱 재료_

송송 썬 달래 2큰술, 고추장 3큰술, 배즙·식초 2큰술씩, 유자청 1큰술

만 드 는 법

1 돌나물은 연한 것으로 준비해 다듬어 씻은 후 얼음물에 담갔다가 건져 놓는다.
2 흑두부는 한 입 크기로 썰어 면포에 싸 물기를 제거한 후 소금을 뿌려 두었다가 올리브기름을 두른 달군 팬에서 노릇노릇하게 굽는다.
3 오이는 모양을 살려 둥글게 썰고 파프리카는 링으로 썰어 얼음물에 잠시 담갔다 싱싱해지면 건져 물기를 뺀다.
4 호두는 굵게 다지고 깨끗이 손질한 달래는 잘게 송송 썬다.
5 볼에 분량의 재료를 넣은 후 고루 섞어 달래고추장드레싱을 만든다.
6 그릇에 돌나물, 오이, 파프리카를 보기 좋게 담고 그 위에 구운 두부를 얹고 호두, 통깨를 뿌린 후 ⑤의 달래고추장드레싱을 끼얹어 낸다.

POINT *

달래고추장드레싱은 먹기 직전에 뿌려야 샐러드의 재료가 물러지지 않아 아삭한 맛을 즐길 수 있어요.

아내가 꼭 알아야 할 식재료 건·강·상·식

샐러드는 남편들에게 매우 중요한 음식이다. 비타민 C가 많은 채소를 주재료로 함으로써 알코올이나 담배의 니코틴 작용을 감소시켜 스트레스를 완화시켜준다. 따라서 흡연자의 경우 과일, 채소를 통해 비타민 C를 충분히 섭취해야 한다. 달래는 빈혈과 동맥경화를 예방하는 효능이 있고, 비타민 C가 많아 피로와 감기 예방에 좋다.

Cooking for
Your Man

✱ 감각적인 남성이 사랑하는 웰빙 샐러드

라이스샐러드

재 료
주재료_ 밥 4공기, 닭고기(가슴살) 200g, 양파 1/2개, 피망 1개, 방울토마토 12개, 통후추 10알, 올리브기름·샐러드용 채소(베이비채소 등), 소금·후춧가루 약간씩
단초물 재료_ 식초 3큰술, 설탕 1큰술, 소금 1작은술

만 드 는 법
1 닭가슴살은 사방 1cm 크기로 네모나게 썰어 소금, 후춧가루로 간한 후 달군 프라이팬에 올리브 기름을 두른 후 노릇노릇 굽는다.
2 양파, 피망은 사방 1cm 크기로 썰고 방울토마토는 반으로 가른다.
3 냄비에 분량의 재료를 넣고 팔팔 끓여 단초물을 만든 다음 식힌다.
4 볼에 ②의 채소를 담고 단초물과 간 통후추, 올리브기름을 고루 섞어 뿌린 후 담고 15분 정도 재운다.
5 볼에 분량의 밥을 넣고 ④의 채소와 구운 닭가슴살, 샐러드용 채소를 넣어 고루 버무린다.

POINT✱
단초물을 넉넉하게 만들어 냉장고에 넣어 두면 초밥을 만들 때나 샐러드할 때 요긴하게 쓸 수 있어요.

아내가 꼭 알아야 할 식재료 건·강·상·식
닭고기는 육류 중 지방 함량이 가장 적어 다이어트 식품에 속한다. 닭고기는 껍질 속에 지방이 있는데 껍질 부위가 없는 순 살코기인 닭가슴살에 신선한 채소를 곁들인 샐러드는 남편을 위한 웰빙 식품으로 권할 만하다.

건강 간편 아침상
넘쳐나는 암 환자들, 남편을 위해 항암 음식은 필수

검은깨대추죽과 새송이버섯장조림

재료

검은깨대추죽 재료_ 검은깨 6큰술, 대추 8알, 잣 1작은술, 불린 쌀 1/2컵, 물 4컵, 딸기 8개 소금 약간

새송이버섯장조림 재료_ 새송이버섯 400g, 물 5컵, 간장 5큰술, 청주 2큰술, 마른 고추 2개, 설탕 1큰술, 마늘 6쪽, 꽈리고추 5개

만 드 는 법

1 검은깨는 깨끗이 씻어 체에 밭쳐 물기를 제거한 후 기름을 두르지 않은 달군 팬에서 볶은 다음 분마기로 곱게 간다.
2 대추는 씨를 발라낸 후 1알만 다지고, 잣은 고깔을 떼고 다진다.
3 믹서에 불린 쌀, 대추, 검은깨, 물을 붓고 곱게 갈아 체에 내린다.
4 냄비에 ③의 재료를 한데 넣고 중간 불에 올려 나무주걱으로 저으면서 끓인 다음 소금으로 간한다(농도가 되직하면 물을 더 넣는다).
5 새송이버섯은 먹기 좋게 송이가 작은 것으로 준비하여 길이로 반을 갈라 젖은 행주로 버섯 갓을 닦아낸다.
6 냄비에 새송이버섯과 분량의 물을 붓고 20분 정도 푹 끓인다.
7 ⑥에 분량의 간장, 청주, 마른 고추, 설탕, 마늘을 넣고 약한 불에서 20분 정도 졸인 다음 꽈리고추를 넣고 다시 한 번 살짝 졸인다.
8 ④의 죽을 그릇에 담아 ②의 다진 대추와 잣을 고명으로 얹고 딸기와 새송이버섯 장조림을 곁들여 낸다.

아내가 꼭 알아야 할 식재료 건·강·상·식

검은깨는 '회춘의 음식'이라고 불리는 블랙푸드로 항암 효과가 탁월하며 노화 방지, 간 세포 활성화로 젊음을 지켜준다. 또한 머리카락의 주성분인 케라틴이 다량 함유되어 있어 꾸준히 섭취하면 두피에 영양을 주고 탈모를 예방할 수 있다.

Cooking for Your Man

✱ 건강 간편 아침상
육류 섭취가 많은 직장 남성의 대장암을 예방한다

통밀빵샌드위치와 딸기주스

재 료

통밀빵샌드위치 재료_
통밀빵 8장, 토마토 2개, 양상추 4장,
딸기잼·피클 약간씩

감자요구르트샐러드 재료_
감자 1개, 호두 2알, 양파·오이 1/4개씩

샐러드드레싱 재료_ 플레인 요구르트 3큰술,
씨겨자 1/2작은술, 소금·후춧가루 약간씩

딸기주스 재료_ 딸기 200g, 얼음 1컵

만 드 는 법

1 토마토는 모양을 살려 둥글납작하게 썰고, 양상추는 흐르는 물에 씻은 후 종이행주로 물기를 닦고 편편하게 두드린다.
2 감자는 찌거나 삶아 뜨거울 때 으깬 후 식혀 두고 호두는 잘게 다진다.
3 양파는 채 썰고 오이는 동글동글 썰어 따로따로 소금에 절인 후 물기를 꼭 짜 준비한다.
4 볼에 ②·③의 재료를 담은 후 분량의 샐러드드레싱 재료를 넣고 고루 버무려 감자요구르트샐러드를 만든다.
5 1장의 통밀빵 한 면에 잼을 바르고 토마토, ④의 감자요구르트샐러드, 양상추를 순서대로 올리고 잼을 바른 통밀빵 1장으로 덮어 먹기 좋게 썬다.
6 믹서에 분량의 딸기와 얼음을 넣고 곱게 갈아 딸기주스를 만든다.

POINT ✱
감자요구르트샐러드는 샌드위치에 발라 먹어도 좋지만 아이들 간식으로도 그만이에요.

아내가 꼭 알아야 할 식재료 건·강·상·식
통곡식류는 식이섬유소가 많아 배변을 좋게 해주고 몸속의 독성 성분이나 발암 물질들을 함께 배설하도록 돕는다. 또한 비만 예방과 항산화 효과가 있어 잦은 외식으로 육류 섭취가 많은 직장 남성들의 대장암 예방에 좋다. 딸기에 많이 함유된 비타민 C는 철분의 흡수를 도와주므로 빈혈 예방에 좋고 면역 기능을 높여준다.

Cooking for Your Man

✱ 다양한 컬러 식품을 간편하게 먹는 방법
모둠채소구이샐러드

재 료

주재료_ 새송이버섯 2개, 생표고버섯 2장,
가지 1개, 애호박 1/3개, 브로콜리 1/2송이,
양파 1/4개, 방울토마토 8개,
올리브기름·소금·후춧가루 약간씩

발사믹드레싱 재료_ 발사믹 소스 4큰술,
와인 2큰술, 후춧가루 약간

만 드 는 법

1 새송이버섯은 0.4cm 두께로 납작하게 썰고, 생표고버섯은 밑동을 떼고 칼집을 넣는다.
2 가지는 어슷하게 애호박은 모양을 살려 둥글게 썰고, 브로콜리는 한 입 크기로 떼어 끓는 물에 소금을 넣고 살짝 데친다.
3 양파는 1cm 두께로 둥글납작하게 썰고, 방울토마토는 꼭지째 씻어서 준비한다.
4 손질한 모둠 채소에 올리브기름, 소금, 후춧가루를 뿌려 달군 그릴이나 프라이팬에 굽는다.
5 냄비에 분량의 발사믹 소스와 재료를 한데 담아 팔팔 끓으면 뭉근한 불로 졸여 드레싱을 만든다.
6 구운 모둠 채소에 ⑤의 드레싱을 끼얹어 다시 한 번 살짝 구워 보기 좋게 담아낸다.

POINT ✱
모둠 채소는 냉장고에 있는 자투리 채소를 이용하고, 모양이 있는 그릴 팬에 구우면 훨씬 먹음직스러워요.

아내가 꼭 알아야 할 식재료 건·강·상·식
컬러 식품에는 파이토케미컬 성분이 들어 있어 신진대사를 돕고 비만, 생활습관성 질환, 노화, 암 등을 예방하며 새로운 세포를 만드는 데 기여한다. 특히 브로콜리는 비타민과 무기질이 풍부해 항암 효과가 있으며 엽산이 함유되어 있어 동맥경화와 빈혈 예방에도 좋다. 미국에서는 하루에 다섯 가지 컬러 식품을 고루 섭취하자는 'Five a Day' 운동을 펼치고 있다.

✱ 고영양의 푸른콩 싹으로 만든 새로운 덮밥
푸른콩싹버섯덮밥

재료

주재료_ 밥 4공기, 쇠고기(불고기용) 100g, 당근 1/3개, 양파 1/2개, 푸른콩 싹 100g, 애느타리버섯 60g, 실파 4뿌리, 멸치다시마 국물 3컵, 물녹말 2큰술, 간장 2큰술, 청주 1큰술, 소금·후춧가루·깨소금·참기름 약간씩

쇠고기 양념 재료_ 간장 1큰술, 설탕 1작은술, 다진 마늘·다진 파·깨소금·후춧가루·참기름 1/2작은술씩

멸치다시마 국물 재료_ 국물 멸치 20g, 다시마(10cm 길이) 1장, 물 5컵

만드는 법

1. 쇠고기는 먹기 좋은 크기로 잘라 분량의 고기 양념에 재운다. 당근은 길이로 납작하게 썰고 양파는 채 썬다.
2. 푸른콩 싹은 꼬리를 떼어내고 애느타리버섯은 굵은 것만 찢고 실파는 5cm 길이로 썬다.
3. 냄비에 분량의 멸치다시마 국물을 붓고 팔팔 끓으면 당근, 양파, 버섯, 재운 불고기를 넣어 한 번 더 끓인 후 푸른콩 싹과 실파를 넣는다.
4. 녹말가루에 동량의 물을 혼합하여 물녹말을 만든다.
5. ③에 간장, 청주, 소금, 후춧가루로 간한 후 물녹말을 한 수저씩 넣어가며 농도를 맞춘 후 깨소금, 참기름을 넣어 버무린다.
6. 그릇에 고슬고슬하게 지은 밥을 담고 ⑤의 버섯덮밥소스를 끼얹어 낸다.

POINT✱

덮밥을 맛있게 만들려면 고슬고슬한 밥이 가장 중요해요. 밥을 맛있게 잘 지으려면 쌀을 재빨리 씻고 30분 정도 불린 후 밥물은 되도록 생수를 사용하세요. 마지막으로 현미유 같은 기름을 한 방울 떨어뜨려 밥을 지으면 윤기가 자르르 돈답니다.

아내가 꼭 알아야 할 식재료 건·강·상·식

초록콩을 발아시키면 콩 속에 부족한 비타민 B·C·E와 식이섬유가 더욱 풍부해지므로 자주 섭취하는 게 좋고, 푸른콩 싹이 일반 콩나물보다 영양이 더욱 풍부하다.

Cooking for
Your Man

✱ 미나리의 재발견, 피가 맑아야 생활습관성 병이 없다

돌미나리주꾸미무침

재 료

주재료_ 돌미나리 100g, 주꾸미 4마리,
양파 1/4개, 청고추 1/2개, 홍고추 1/3개,
소금·통깨 약간씩
유자청초고추장 재료_ 고추장 3큰술, 고춧가루
1큰술, 2배 식초 1큰술,
다진 마늘 1큰술, 유자청 1큰술, 설탕 1작은술

만 드 는 법

1 돌미나리는 깨끗이 씻어 얼음물에 담갔다가 건져 놓는다.
2 주꾸미는 소금을 뿌려 바락바락 문질러 손질한 후 팔팔 끓는 물에 넣어 살짝 데친 다음 물기를 꼭 짠다.
3 데친 주꾸미는 한 입 크기로 썰어 놓는다.
4 양파는 채 썰고 고추는 어슷하게 썰어 씨를 털어낸다.
5 볼에 분량의 재료를 담고 고루 섞어 상큼한 유자청초고추장을 만든다.
6 볼에 ①·②·③·④의 재료를 한데 담은 후 ⑤의 유자청초고추장을 넣어 조몰락조몰락 버무린 다음 통깨를 솔솔 뿌린다.

POINT ✱

이 계절에만 맛볼 수 있는 최고의 별미는 알이 꽉 찬 3~4월의 주꾸미예요. 알이 꽉 찬 주꾸미로 볶음이나 무침을 할 때에는 손질하거나 데칠 때 알집이 터지지 않도록 조심하세요. 그래야 음식을 했을 때 모양이 예쁘답니다.

아내가 꼭 알아야 할 식재료 건·강·상·식

미나리는 비타민이 풍부한 알카리성 식품으로 식욕을 돋워주고 장의 활동을 도와 변비에 좋으며 정신을 맑게 하고 혈액도 깨끗하게 해준다. 특히 숙취 후 탕, 찌개 등에 미나리를 넣으면 좋다.

Cooking for Your Man

✳ 소양인 남편에게 잘 맞는 건강 돼지고기 요리

유자청깨소스를 곁들인 삼겹살조림

재 료

주재료_ 삼겹살(목살) 600g,
파인애플(통조림) 3쪽, 케일(또는 깻잎) 16장,
대파(줄기 부분) 1/2대

편육 양념 재료_ 된장 2큰술, 마늘 3쪽, 생강
1톨, 대파(잎 부분) 1/2대, 물 4컵

조림장 재료_ 육수 3/4컵, 레드와인 4큰술,
청주·설탕·1큰술씩

유자청깨소스 재료_ 갈은 깨 4큰술,
간장·유자청 1큰술씩, 식초 2큰술

만 드 는 법

1 삼겹살은 덩어리 고기로 준비해 반으로 잘라 흐르는 물에 씻는다.
2 압력솥에 ①의 고깃덩어리를 넣고 편육 양념 재료를 모두 넣어 25~30분 정도 푹 삶는다.
3 ②의 편육을 건져 물에 씻고 국물은 면포에 밭쳐 거른다.
4 냄비에 ③의 국물을 붓고 분량의 조림장 재료를 넣어 바글바글 끓으면 편육을 넣어 뭉근한 불에 졸인다.
5 ④의 졸인 편육을 한 입 크기로 먹기 좋게 썬다.
6 파인애플은 한 입 크기로 썰고, 케일은 흐르는 물에 씻어 놓고 대파 줄기는 곱게 채 썰어 물에 담가 매운맛을 빼 놓는다.
7 볼에 분량의 재료를 한데 섞어 유자청깨소스를 만든다.
8 접시에 삼겹살 조림과 케일, 파인애플, 파채를 담고 유자청깨소스를 곁들여 낸다.

POINT ✳

파인애플은 과일 중 비타민 C의 함유량이 가장 높고, 브로멜린이라는 단백질 분해 효소를
함유하고 있어 육류를 먹을 때 함께 섭취하면 찰떡궁합이랍니다.

아내가 꼭 알아야 할 식재료 건·강·상·식

돼지고기는 양의 성질을 띤 식품이어서 특히 소양인에게 잘 맞는다. 또한 돼지고기는 같은 계열의
양기를 지닌 식품인 케일과 함께 먹으면 더욱 좋다.

Cooking for Your Man

※ 건강 채소에 살짝 더해진 상큼함

모둠채소와 오렌지겨자드레싱

재 료

주재료_ 죽순(통조림) 1개, 당근 1/2개, 숙주 100g, 표고버섯 2장, 간장 1큰술, 설탕 1/2큰술, 돌미나리 50g, 배 1/4개, 딸기 3개, 올리브기름·참기름·소금 약간씩

오렌지겨자드레싱 재료_ 오렌지 1/2개, 유자청·배즙·간장 1큰술씩, 강겨자·식초 2큰술씩, 소금 1/3작은술

만 드 는 법

1 죽순은 물에 씻은 다음 뜨거운 물에 살짝 데쳐 물기를 제거하고 빗살 모양이 생기도록 납작하게 썬다.
2 달군 팬에 올리브기름을 두르고 죽순과 채 썬 당근을 넣어 달달 볶다가 소금으로 간한다.
3 숙주는 머리와 꼬리를 손질한 후 끓는 물에 살짝 데친 다음 식혔다가 소금과 참기름으로 간을 맞춘다.
4 표고버섯은 물에 불려 씻은 후 곱게 채 썰어 간장과 설탕, 참기름을 넣고 조몰락조몰락 버무려 달군 팬에서 볶는다.
5 돌미나리는 다듬어 씻은 후 5cm 길이로 썰어 놓는다.
6 배는 껍질을 벗겨 채 썰고 딸기는 납작하게 썬다.
7 오렌지는 껍질을 벗긴 후 과육만 발라 믹서에 넣고 분량의 재료를 한데 넣어 곱게 갈아 오렌지겨자드레싱을 만든다.
8 접시에 모든 재료를 풍성하게 올려 모둠으로 보기 좋게 담고 오렌지겨자드레싱을 곁들인다.

POINT*

생죽순을 이용할 때에는 죽순을 쌀뜨물에 삶으면 좋아요. 쌀뜨물은 아린 성분인 수산을 잘 녹아 나오게 하며 죽순 성분의 산화를 억제하고 쌀겨 속의 효소가 죽순을 부드럽게 해준답니다.

아내가 꼭 알아야 할 식재료 건·강·상·식

죽순은 비만이나 혈압이 높은 사람에게 좋은 식품이며, 오렌지겨자드레싱의 상큼한 맛이 봄철 남편의 입맛을 살려준다.

Cooking for Your Man

✳ '피곤'을 입에 달고 사는 남편을 위한 봄날 한 끼

봄나물비빔밥

재 료

주재료_ 발아현미콩밥 4공기, 냉이 100g, 취나물 100g, 비름나물 100g, 두릅 4뿌리, 초록콩 싹 100g, 생표고버섯 3장, 애호박 1/2개, 홍고추 1/2개·실고추 약간 소금·들기름 약간씩

나물 양념 재료_ 집간장·다진 파 3큰술씩, 다진 마늘·깨소금 2큰술씩, 들기름 4큰술

고추장 양념장 재료_ 고추장 4큰술, 배즙 2큰술, 참기름 1큰술

만 드 는 법

1. 냉이, 취나물, 비름나물, 두릅은 다듬어 씻은 후 끓는 물에 소금을 넣고 살짝 데친 후 찬물에 담갔다 물기를 짠다.
2. 초록콩 싹은 꼬리를 떼고 끓는 물에 30초 정도만 데친 후 찬물에 담갔다 건진다.
3. 생표고버섯은 얇게 채 썰어 끓는 물에 살짝 데친 후 물기를 짠 다음 나물 양념으로 무친다.
4. 홍고추는 배를 갈라 씨를 빼고 채를 썬다.
5. 호박은 반달 모양으로 썰어 소금에 절였다가 물기를 짜고 들기름에 고추채와 함께 볶는다.
6. ①·②의 재료는 각각 나물 양념에 버무려 무치고 ③의 표고버섯은 들기름에 살짝 볶는다.
7. 볼에 분량의 재료를 고루 섞어 촉촉하게 고추장 양념장을 만든다.
8. 준비한 그릇에 발아현미콩밥을 담고 위의 나물을 담고 들기름을 살짝 두른 다음 실고추를 올리고 ⑦의 고추장 양념장을 곁들여 낸다.

아내가 꼭 알아야 할 식재료 건·강·상·식

봄에 나는 산채류는 부족한 비타민 섭취를 위해서 좋을 뿐 아니라 소화를 도와 위와 장을 튼튼하게 한다. 봄나물은 특유의 향과 쌉쌀한 맛으로 입맛을 돋우고 간의 활동을 도와 피로를 푸는 데도 효과가 있다. 또한 밥은 발아하면서 곡류에 적은 비타민 C, 식이섬유 등의 부가적인 영양소를 풍부하게 함유한 발아현미를 먹을 것을 권장한다.

Cooking for Your Man

✳ 신진대사를 높여 나른함을 없애주는 간편식
조개쑥수제비

재 료
주재료_ 쑥 100g, 우리밀가루 4컵, 소금 1/2작은술, 물 1 1/2컵, 모시조개 12개, 애호박 150g, 감자 1개, 양파 1/2개, 느타리버섯 4송이, 실파 4뿌리, 홍고추 1개, 다진 마늘 1큰술, 국간장 2큰술

육수 재료_ 국물 멸치 20g, 다시마(10cm 길이) 1장, 북어 머리 2개, 대파 1/2대, 마늘 3쪽, 양파 1/4개, 물 10컵

양념장 재료_ 간장·육수 2큰술씩, 고춧가루 1작은술, 다진 파 1큰술, 다진 마늘 1작은술, 깨소금 2작은술, 참기름 1작은술

만 드 는 법
1 쑥은 깨끗이 다듬어 씻은 후 끓는 물에 살짝 데친 후 물기를 꼭 짠 다음 곱게 다진다.
2 우리밀가루에 ①의 쑥과 분량의 소금, 물을 넣어 반죽을 만든다.
3 냄비에 분량의 재료를 넣고 30~40분 정도 끓인 후 면포에 밭쳐 육수를 만든다.
4 모시조개는 굵은 소금에 바락바락 비벼 씻은 후 연한 소금물에 담가 해감을 한다.
5 호박, 감자, 양파는 납작납작 썰고, 버섯은 찢어놓고 실파는 5cm 길이로 썰고, 고추는 어슷하게 썰어 씨를 턴다.
6 냄비에 육수를 붓고 끓기 시작하면 호박, 감자, 양파, 모시조개를 넣고 쑥 반죽을 얇게 떠 넣고 부그르르 끓인 다음 다진 마늘, 실파, 고추를 넣은 다음 국간장으로 간을 맞춘다.
7 볼에 분량의 양념장 재료를 한데 담아 고루 섞는다.
8 그릇에 조개쑥수제비를 담고 ⑦의 양념장을 곁들여 낸다.

POINT✳
모시조개는 음식을 준비하기 2~3시간 전쯤에 미리 해감을 빼 두면 좋아요.

아내가 꼭 알아야 할 식재료 건·강·상·식
쑥의 독특한 향기 성분인 치네올은 소화액의 분비를 촉진시켜 식사 후 소화를 도와준다. 쑥은 항균 작용이 강하며 무기질과 비타민 A가 많아 신진대사를 돕는다. 제철인 봄에 다양한 음식으로 즐기고 연한 쑥은 삶아 냉동실에 보관해 수제비, 국수, 떡 등에 사용하면 좋다.

Cooking for Your Man

✱ 뚱뚱한 남편을 위한 다이어트 생선 요리

병어조림

재 료

주재료_ 병어(중) 2마리, 감자 1개,
무 100g, 양파 1/2개, 대파 1/3대,
꽈리고추 5개

조림장 재료_ 멸치다시마 국물 2컵,
간장 3큰술, 고춧가루 1큰술, 고추장 1큰술,
청주 2큰술, 다진 마늘 1큰술,
후춧가루 1/3작은술

만 드 는 법

1 병어는 깨끗이 손질하여 토막 낸다.
2 감자, 무, 양파는 큼직하게 썰고, 대파는 어슷하게 썬다.
3 볼에 분량의 재료를 넣어 조림장을 만든다.
4 냄비에 감자, 무를 깔고 그 위에 병어와 양파를 얹고 ③의 조림장을 끼얹어 20분 정도 바글바글 끓인다.
5 ④에 대파, 꽈리고추를 넣고 중간 불에서 10분 정도 더 졸인다.

POINT✱

무와 감자 대신 신김치나 얼갈이배추 데친 것을 넣고 졸여도 맛이 좋아요.

아내가 꼭 알아야 할 식재료 건·강·상·식

병어는 단백질뿐만 아니라 비타민, 무기질이 풍부하며 불포화지방산인 DHA, EPA 등이 많아 동맥경화, 뇌졸중 등 생활습관성 질환을 예방하는 효능이 있다. 또한 불포화지방산이 몸속에 있는 과다한 콜레스테롤을 제거해 비만 예방에도 좋다.

Cooking for Your Man

* 육식을 많이 하는 남편을 위해

검은콩가루를 넣은 햇감자전

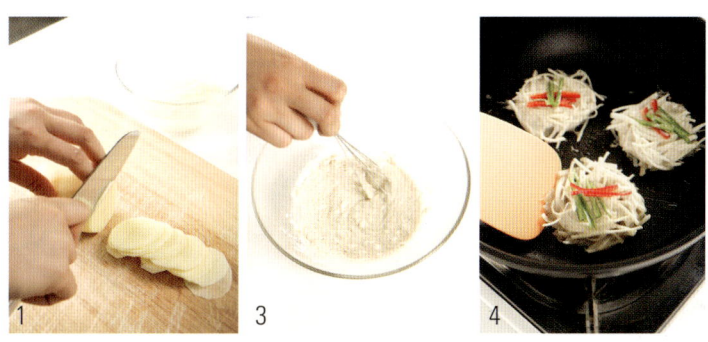

재 료

주재료_ 햇감자 · 청고추 1개씩, 홍고추 1/2개,
우리밀가루 · 검은콩가루 1/2컵씩, 물 1컵,
포도씨기름 약간

초간장 재료_ 간장 2큰술, 물 1큰술,
레몬즙 1작은술, 송송 썬 실파 2큰술,
통깨 1작은술, 레몬 1쪽

만 드 는 법

1 햇감자는 껍질을 벗긴 후 곱게 채 썰어 물에 담갔다 건진다.
2 고추는 각각 반 갈라 씨를 제거한 후 길이로 곱게 채 썬다.
3 밀가루에 검은콩가루를 섞고 물을 부어 멍울지지 않게 반죽한 다음 감자채를 섞는다.
4 달군 팬에 포도씨기름을 두르고 ③의 반죽을 한 수저씩 떠넣고 고명으로 고추채를 얹어 햇감자전을 지진다.
5 분량의 재료를 고루 섞어 초간장을 만든 후 곁들여 낸다.

POINT *

감자는 곱게 썰수록 익히기도 쉽고 씹는 질감도 좋으므로 칼질에 자신이 없다면 채칼을 사용하세요.

아내가 꼭 알아야 할 식재료 건 · 강 · 상 · 식

우리밀가루에 검은콩가루를 넣어 부친 감자전은 육식을 많이 하는 남편의 식탁에 자주 올리면 좋다. 검은콩은 대표적인 블랙푸드로 노화 방지, 콜레스테롤 저하, 암 예방과 신장 보호에 좋으며 남편의 스태미나를 유지시켜 준다.

Cooking for
Your Man

✱ 과음한 남편의 숙취 해소를 위한 간편 요리
아스파라거스쇠고기말이구이

재 료

주재료_ 아스파라거스 1단,
쇠고기(채끝살) 200g, 소금·올리브기름 약간씩
양념장 재료_ 간장 2큰술, 배즙·청주 1큰술씩,
다진 마늘 1작은술, 설탕·깨소금 1/2작은술씩

만 드 는 법

1 아스파라거스는 밑동의 껍질 부분을 벗기고 끓는 물에 소금을 넣고 살짝 데친 다음 꺼내 물기를 걷고 3등분한다.
2 채끝살은 1mm 두께로 얇게 썰어 들러붙지 않게 랩이나 비닐에 한 켜씩 쌓은 후 냉동실에 얼린다.
3 ②의 채끝살에 아스파라거스 2개를 돌돌 만다.
4 볼에 분량의 재료를 한데 넣고 고루 섞어 양념장을 만든다.
5 ③의 아스파라거스쇠고기말이에 ④의 양념장을 끼얹어 5분 정도 재운다.
6 달군 프라이팬에 올리브기름을 약간 두르고 ⑤의 쇠고기말이를 넣어 고기가 고루 익도록 앞뒤로 돌려가며 굽는다.

POINT✱
아스파라거스 대신 마늘종, 피망, 브로콜리, 버섯 등 다양한 채소를 이용해도 좋아요.

아내가 꼭 알아야 할 식재료 건·강·상·식
아스파라거스는 이뇨 효과가 있어 신장에 도움을 준다. 특수 성분으로 아스파라긴산이 많아 신진대사에 중요한 구실을 하며 숙취 해소에도 효과적이어서 남편에게 자주 해주면 좋은 식재료이다.

Cooking for Your Man

✱ 밤이 두려운 남편을 위한 우리 맛 빈대떡

산마해물채소전

재료

주재료_ 산마 1/2개, 새우(중하) 5마리, 오징어 1/2마리, 양파 1/4개, 청·홍피망 1/6개씩, 느타리버섯 4송이, 포도씨기름 약간

반죽 재료_ 검은콩가루 2큰술, 우리밀가루 1/2컵, 다시마가루 1/2작은술, 물 1컵, 소금 1/2작은술

초간장 재료_ 간장 2큰술, 물 1큰술, 식초·레몬즙 1작은술씩, 송송 썬 실파 1큰술, 통깨 1작은술, 레몬 1쪽

만 드 는 법

1 산마는 깨끗이 씻어 필러로 껍질을 벗기고 강판이나 믹서에 곱게 간다.
2 새우는 흐르는 물에 씻고 오징어는 껍질을 벗긴 후 잘게 썬다.
3 양파와 피망은 납작하게 썰고 버섯은 찢어 놓는다.
4 볼에 분량의 재료를 넣어 고루 섞어 반죽을 만든다.
5 ④의 반죽에 준비한 해물과 채소를 넣고 소금으로 간한 후 ①의 산마를 넣는다.
6 달군 팬에 포도씨기름을 두르고 ⑤의 반죽을 떠넣어 산마 해물전을 부친다.
7 볼에 분량의 재료를 넣어 초간장을 만들어 곁들여 낸다.

POINT ✱

산마는 강판에 갈아 생즙으로 먹어도 좋아요. 산마의 껍질을 벗길 때 맨손으로 벗기면 가려울 수 있으므로 꼭 일회용 장갑을 끼세요.

아내가 꼭 알아야 할 식재료 건·강·상·식

산마는 우수한 단백질과 필수 아미노산이 많고 기운을 북돋워줘 남성들의 강장식품으로 알려져 왔다. 성 능력을 향상시키고 뼈를 단단하게 하는 효능이 있다. 효소를 풍부하게 함유해 소화 작용을 도와주므로 생식을 해도 소화에 별 무리가 없다.

Cooking for Your Man

* 비싼 한우 고기의 착한 대용식

두부스테이크

재 료

주재료_ 두부 1모, 우리밀가루 · 녹말가루 2큰술씩, 마늘 2쪽, 팽이버섯 1봉지, 소금 · 올리브기름 약간씩

스테이크소스 재료_ 멸치다시마 국물 · 간장 · 송송 썬 실파 2큰술씩, 청주 · 올리브기름 1큰술씩

만 드 는 법

1 두툼하게 썬 두부에 소금을 뿌리고 10분 정도 지나 간이 배들었다 싶으면 물기를 닦아낸다.
2 밀가루와 녹말가루를 고루 섞어 ①의 두부에 묻힌 후 가루가 날리지 않도록 하나씩 손으로 살살 눌러준다.
3 달군 팬에 올리브기름을 두른 후 ②의 두부를 넣어 노릇노릇하게 지진다.
4 마늘은 납작하게 저며 달군 팬에 기름을 넉넉하게 두른 후 바삭하게 튀긴다.
5 팽이버섯은 밑동을 잘라내고 가닥가닥 떼어 살짝 볶는다.
6 냄비에 분량의 재료를 넣고 잘 섞어 스테이크소스를 만든다.
7 접시에 ③의 두부스테이크를 담고 버섯과 실파를 올린 후 ⑥의 소스를 끼얹는다 여기에 ④의 마늘 튀김으로 장식한다.

POINT*

마늘 튀김은 어떤 음식과도 궁합이 잘 맞아요. 볶음요리나 구운 고기, 생선요리, 샐러드 위에 뿌려주면 맛과 영양이 그만이랍니다.

아내가 꼭 알아야 할 식재료 건·강·상·식

두부는 칼슘이 많은 알칼리성 식품으로 단백질을 섭취해야 하는 당뇨병 환자나 중년 이후의 남편에게 육류 요리 대신 해주기에 적당하다.

Cooking for Your Man

✱ 핼쑥해진 남편의 기운을 북돋워주는 임금님 대접

꽃게탕

1 2 6

재 료

주재료_ 꽃게(대) 1마리, 무 150g,
호박 100g, 두부 1/4모, 양파 1/4개,
청·홍고추 1/2개씩, 대파 1/3대, 된장 3큰술,
고춧가루 1큰술, 다진 마늘 1큰술, 쑥갓 3줄기,
소금·후춧가루 약간씩

해물 육수 재료_ 다시마(10cm 길이) 1장,
멸치 15g, 북어 머리 2개, 마른 새우 10g,
무 50g, 마늘 3쪽, 대파 1/3대, 물 7컵

만 드 는 법

1 냄비에 분량의 해물 육수 재료를 모두 넣고 40~50분 정도 충분히 끓인 후 체에 받쳐 해물 육수를 만들어 놓는다.
2 꽃게는 껍데기를 떼내고 모래집을 제거한 후 깨끗이 씻어 먹기 좋게 토막 낸다.
3 무, 호박, 두부, 양파는 납작하게 썰고, 고추와 대파는 어슷하게 썬다.
4 ①의 해물 육수에 된장을 풀고 무를 먼저 넣어 끓인 다음 꽃게와 고춧가루를 넣는다.
5 ④의 국물이 끓어오르면 준비한 호박, 양파, 두부, 고추, 대파, 다진 마늘을 넣고 끓인다.
6 ⑤에 소금, 후춧가루로 간한 다음 뜨는 거품은 걷어 내고, 불을 끈 후 쑥갓을 넣는다.

POINT ✱
탕에 넣으려면 게를 암컷으로 고르면 더욱 맛이 있답니다.

아내가 꼭 알아야 할 식재료 건·강·상·식

꽃게는 필수 아미노산이 많고 지방 함량이 적어 담백한 맛을 낸다. 특히 저지방, 고단백 식사를 필요로 하는 비만증, 고혈압, 간장병이 있는 사람에게 좋다. 가격이 비싸 자주 할 수는 없지만 유난히 지쳐 보이는 남편에게 어느 날 갑자기 선물처럼 차려내면 좋다.

왠지 정갈한 생선구이가 생각날 때
일본식 삼치구이

재료
주재료_ 삼치 4조각, 굵은소금 1작은술, 무 150g, 레몬 1/4개, 무순 20g, 소금 약간
데리야키소스 재료_ 가다랑어 국물·간장·청주 4큰술씩, 설탕 2큰술, 생강 1톨
폰즈소스 재료_ 다시마 국물 1/2컵, 간장·무즙·식초 2큰술씩, 레몬 1쪽, 송송 썬 실파 1큰술
무초절임소스 재료_ 식초·물 2큰술씩, 설탕 1큰술, 소금 1/3작은술

만드는 법
1 삼치는 깨끗이 손질해 씻어 토막을 낸 후 소금을 뿌려 잠시 두었다가 물에 헹궈 물기를 닦는다.
2 냄비에 분량의 재료들을 넣고 양이 절반 정도 되도록 졸여 데리야키소스를 만든다.
3 달군 석쇠나 프라이팬에 ①의 삼치를 앞뒤로 애벌로 구운 후 ②의 데리야키소스를 발라 가며 타지 않게 굽는다.
4 볼에 분량의 재료를 한데 넣어 폰즈소스를 만든다.
5 볼에 분량의 무초절임 소스 재료를 한데 넣어 고루 섞은 후 설탕이 다 녹을 때까지 잠시 둔다.
6 무는 한 입 크기로 깍둑썰기 해 잔칼집을 촘촘히 넣어 ⑤의 무초절임소스에 20분 정도 재웠다가 건진 다음 곱게 채 썬 레몬 제스트를 얹는다.
7 접시에 데리야키 소스에 구운 삼치와 무순을 얹고 무초절임과 폰즈소스를 곁들여 낸다.

POINT*
삼치는 생선 살이 부드러워 부서지기 쉬우므로 석쇠에서 굽기보다는 그릴이나 프라이팬에서 굽는 것이 좋아요.

아내가 꼭 알아야 할 식재료 건·강·상·식
삼치는 지방 함량이 많은 편이지만 EPA, DHA 같은 불포화지방산이 많아 나쁜 콜레스테롤인 LDL의 생성을 억제한다. 따라서 자주 섭취하면 동맥경화, 뇌졸중, 심장병 예방에 도움이 된다.

Cooking for Your Man

* 아삭하게 씹히는 고소한 맛
새우파프리카전

재 료

주재료_ 삼색 미니 파프리카 6개
소 재료_ 새우살 100g, 두부 80g,
다진 파 1작은술, 다진 마늘·깨소금
1/2작은술씩, 후춧가루·참기름 1/2작은술씩
전 재료_ 밀가루 1/4컵, 달걀 1개,
올리브기름 약간
초간장 재료_ 왜간장 2큰술, 물 1큰술,
식초 1/2작은술, 통깨 1작은술,
송송 썬 실파 1큰술, 레몬 1쪽

만 드 는 법

1 삼색 미니 파프리카는 길이로 반 갈라 씨를 제거한다.
2 새우살은 다져놓고 두부는 거즈에 싸서 물기를 꼭 짠 후 으깬다.
3 볼에 분량의 재료를 넣어 양념해 소를 만든다.
4 ①의 파프리카 속에 밀가루를 뿌렸다가 털어내고 ③의 소를 넣어 채운 후 다시 밀가루를 묻힌다.
5 달군 팬에 올리브기름을 적당히 두른 후 약한 불로 줄인 다음 ④의 파프리카에 달걀물을 씌워 노릇노릇하게 지진다.
6 볼에 분량의 재료를 넣어 초간장을 만든 후 새우파프리카전에 곁들여 낸다.

POINT *

파프리카 대신 진통 작용과 비만 예방·치료에 좋은 캡사이신 성분을 다량 함유하고 있는 매콤한 고추를 이용해도 좋아요.

아내가 꼭 알아야 할 식재료 건·강·상·식

파프리카는 피망과 달리 맵지 않으면서 단맛과 아삭한 질감을 가지고 있는데다 비타민과 무기질이 풍부하다. 비타민을 충분하게 섭취하지 못하면 음식이 에너지로 쓰이지 못하고 몸속에 축적되어 결과적으로 비만을 초래하게 되므로 비타민이 다량 함유된 피프리카를 자주 섭취하자.

여름

여름철 대표 식재료인 마늘은 살균이나 항균력이 강함으로 더위를 이겨내는 남편의 스태미나 식으로 다양하게 이용하면 좋다. 볶은 마늘, 구운 마늘, 잼 등으로 이용하거나 양념으로 자주 사용한다. 또한 여름에는 식물이 영양분을 뿌리에 저장하지 않고 잎에 가지고 있으므로 잎채소를 많이 먹는 것이 좋다. 보리밥에 상추쌈이나 데친 호박잎, 머위, 곰취, 양배추 등의 채소에 항암 효과가 탁월한, 집에서 담근 된장으로 쌈장을 만들어 더위에 지친 입맛을 살리자.

Cooking for Your Man

✱ 원기 없는 남편에게 주는 여름 영양밥

전복수삼밥

재 료

주재료_ 쌀 4컵, 다시마(10cm 길이) 1장, 전복 4개, 밤 4톨, 대추 8알, 수삼(소) 4뿌리, 소금·참기름 약간씩

양념장 재료_ 간장 4큰술, 매실청 1큰술, 물 2큰술, 고춧가루 1작은술, 다진 파 2큰술, 다진 마늘 1작은술, 깨소금·참기름 1큰술씩, 청·홍고추 1/2개씩

만 드 는 법

1 쌀은 씻어 불려 놓고, 다시마는 젖은 행주로 깨끗하게 닦는다.
2 전복은 껍데기와 살을 분리해 내장이 터지지 않게 떼고 살은 깨끗이 손질하여 씻은 다음 썰고 내장은 끓는 물에 데친 후 믹서에 소금, 참기름과 한데 넣어 곱게 간다.
3 밤은 껍질을 모두 벗겨 저미고, 대추는 통으로 씻어 놓고 수삼은 어슷하게 썬다.
4 돌솥에 ①의 불린 쌀과 다시마를 넣고 물 4컵을 부은 후 ②의 간 전복 내장을 풀어 넣는다.
5 ④에 수삼, 밤, 대추를 넣고 한소끔 끓인 후 ②의 전복 살을 넣어 뜸을 들여 전복수삼밥을 짓는다.
6 볼에 분량의 양념장을 섞은 후 전복수삼밥에 곁들여 낸다.

POINT✱

다 쓴 헌 칫솔로 전복 껍데기를 박박 씻어 찬물에 넣고 끓이면 전복 육수를 만들 수 있답니다. 전복죽이나 전복수삼밥의 물로 전복 육수를 쓰면 전복의 향이 더욱 살아나지요.

아내가 꼭 알아야 할 식재료 건·강·상·식

전복은 다른 어패류에 비해 지방질은 적고 단백질과 아미노산이 많다. 특히, 전복 내장에는 요오드와 칼슘이 많아 원기 회복에 도움을 주며 영양 성분도 풍부하다. 전복은 맛이 독특하며 정력제로도 알려져 있는데, 전복밥에는 꼭 내장을 넣어야 맛과 영양이 균형을 이룬다. 또한 전복은 간에도 좋은 식품이다.

Cooking for Your Man

✱ 술 모임이 잦은 남편에겐 검은쌀밥이 좋다
검은쌀백숙

재 료

주재료_ 토종닭(대) 1마리, 찹쌀 2/3컵,
검은쌀 3큰술, 황률(또는 밤) 8톨, 대추 8알,
수삼 2뿌리, 황기 1뿌리, 마늘 1통,
노각(소) 1개, 생강 1톨, 은행 8알, 물 5컵
수삼겨자소스 재료_ 삶은 수삼(닭 뱃속 재료)
2뿌리, 겨자·매실청 또는 설탕 2큰술씩,
식초 1큰술, 다진 마늘·간장 1작은술씩,
소금·후춧가루 1/3작은술

만 드 는 법

1 닭은 뱃속 갈비뼈 사이의 응고된 피를 제거하고 깨끗이 씻어 놓는다.
2 찹쌀과 검은쌀은 각각 물에 담가 불린다.
3 황률, 대추, 수삼, 황기, 마늘, 노각, 생강, 은행은 손질해 씻어 놓는다.
4 닭의 뱃속에 ②와 노각과 생강을 뺀 ③의 재료를 넣어 채운 후 배 쪽의 껍질 부분에 칼집을 넣어 닭다리가 X자 모양이 되도록 칼집 틈에 닭다리를 엇갈리게 꿴다.
5 압력솥에 물을 붓고 노각과 저민 생강, ④의 재료를 넣고 40분 정도 푹 끓인다.
6 닭을 건져 반 갈라 그릇에 담는다.
7 ⑥의 닭 뱃속 재료 중 익힌 수삼을 건져 믹서에 넣고 간 후 분량의 재료를 넣고 한 번 더 갈아 수삼겨자소스를 만들어 ⑥의 검은쌀 백숙에 곁들여 낸다.

POINT ✱
닭백숙을 끓이고 난 육수에 갖은 채소를 다져 넣고 끓이면 영양 만점의 맛있는 채소죽이 된답니다.

아내가 꼭 알아야 할 식재료 건·강·상·식
검은쌀은 흰쌀보다 단백질, 지방, 비타민 B_1, B_2, 무기질, 아미노산이 풍부해 콜레스테롤 수치를 낮춰 주고 노화 방지와 항암 효과도 뛰어나다. 특히 간 세포의 활성화를 돕는 셀레늄이 풍부해 음주를 많이 하는 남편에게 권할 만하다.

✱ 보신탕도 울고 갈 간편한 여름 보양식
수삼오이말이

재 료

주재료_ 오이 1개, 수삼 1뿌리, 대추 4알,
표고버섯 2장, 무순 30g, 잣가루 1큰술

표고버섯 양념장 재료_ 간장 1큰술,
다진 파·마늘·깨소금·참기름 1/2작은술씩

요구르트겨자드레싱 재료_ 플레인 요구르트
1/2컵, 강겨자 2큰술, 매실청 1큰술,
레몬즙 1/2큰술, 식초 1작은술,
소금 1/3작은술

만 드 는 법

1 오이는 깨끗이 씻은 후 필러를 이용해 오이 길이대로 얇게 저민다.
2 수삼은 껍질을 벗긴 후 5cm 정도 길이로 가늘게 채 썬다.
3 대추는 돌려 깎아 씨를 뺀 후 채 썰어 놓는다.
4 표고버섯은 물에 불려 밑동을 떼고 깨끗이 씻은 후 물기를 걷고 곱게 채 썬다.
5 ④의 표고버섯에 분량의 표고버섯 양념장 재료를 넣어 고루 버무린 후 달군 팬에 기름을 두르지 않고 볶는다.
6 볼에 분량의 재료를 담아 요구르트겨자드레싱을 만든다.
7 ①의 저민 오이에 수삼채, 대추채, 표고버섯 볶음, 무순을 놓고 돌돌 만다.
8 접시에 수삼 오이말이를 담고 잣가루를 뿌린 후 ⑥의 요구르트겨자드레싱을 끼얹어 낸다.

P O I N T ✱

채소와 과일의 잔류 농약을 깨끗하고 손쉽게 제거하려면 베이킹 소다를 사용하세요. 표면에 베이킹 소다를 뿌려 뒀다가 5분 후쯤 흐르는 물에 깨끗이 씻기만 하면 된답니다.

아내가 꼭 알아야 할 식재료 건·강·상·식

수삼은 공해나 술 등으로 생기는 간장의 손상을 예방하고 원기를 북돋워준다. 또 위를 튼튼하게 하여 여름철 남편의 보양식으로 권할 만하다. 요구르트는 우리 몸에 이로운 균의 발육을 돕고 해로운 균의 생육을 억제해주는 장수 식품이다. 시판되는 요구르트보다 집에서 직접 만들어 먹으면 좋다.

✱ 메밀, 오래 살고 싶으면 자주 먹어라

냉메밀쟁반

재 료

주재료_ 생메밀국수 300g, 오이 1/2개, 양상추·적채 2장씩, 방울토마토 8개, 무순 1봉지

다시마가다랑어 국물 재료_ 물 5컵, 다시마(10cm 길이) 1장, 가다랑어포 1/2컵

메밀소스 재료_ 다시마가다랑어 국물 4컵, 간장 1/2컵, 청주 2큰술, 무즙 4큰술

만 드 는 법

1 냄비에 찬물을 붓고 다시마를 넣어 한소끔 끓인 후 불을 끄고 가다랑어포를 넣은 후 15분 정도 지나 가다랑어포가 가라앉으면 면포에 걸러 다시마가다랑어 국물을 받는다.
2 생메밀국수는 팔팔 끓는 물에 삶아 비벼 씻은 후 곧장 얼음물에 담가 헹궈 사리를 짓고 무는 강판에 갈아 물기를 약간 짜놓는다.
3 오이, 양상추, 적채는 곱게 채 썰어 각각 얼음물에 담갔다가 싱싱해지면 건진다.
4 방울토마토는 4등분하고 무순은 끝을 잘라 놓는다.
5 그릇에 ②의 메밀국수 사리를 담고 ③·④의 채소를 색색으로 돌려 가며 보기 좋게 담는다.
6 분량의 다시마가다랑어 국물에 간장, 청주를 넣어 살짝 끓인 후 냉장고에 넣어 차게 식힌 다음 볼에 담아 ②의 무즙을 섞어 메밀소스를 만든다.
7 그릇에 담은 메밀국수에 ⑥의 메밀소스를 붓는다.

POINT ✱

가다랑어 국물을 만들 때 불을 끄지 않고 가다랑어포를 넣으면 비릿하고 텁텁한 맛이 나며 색도 탁해진답니다.

아내가 꼭 알아야 할 식재료 건·강·상·식

메밀 성분 중 루틴은 체내의 콜레스테롤 수치를 낮춰 고혈압, 동맥경화증, 궤양성 질환 등 생활습관성 질환 예방에 탁월한 효과가 있다. 따라서 40대 이후 남성은 메밀국수를 자주 먹는 것이 좋다.

Cooking for Your Man

※ 중년 남성이여, 기름진 생크림 소스는 잊어라

파스타콩국

재 료

주재료_ 녹차 페투치니 300g, 오이 1/3개, 방울토마토 8개, 베이비채소 100g, 소금 약간

냉콩국 재료_ 콩 1컵(불린 콩 2컵), 물 4컵, 잣 4큰술, 소금 1/2 작은술

만·드·는·법

1 녹차 페투치니는 끓는 물에 소금을 넣고 25분 정도 삶아 건진 다음 차게 식힌다.
2 오이는 채 썰고, 방울토마토는 반 가르고, 새싹채소는 손질해 씻는다.
3 콩은 전날 물에 담가 충분히 불린 후 씻는다.
4 냄비에 콩을 담고 물을 부어 한소끔 끓어오르면 불을 끄고 식힌다.
5 ④의 콩을 건져 찬물에 헹군 후 손으로 비벼 껍질을 벗긴다.
6 ⑤의 삶은 콩을 믹서에 담고 물과 잣을 넣은 후 곱게 갈아 콩국을 만든다.
7 ⑥의 콩국에 소금으로 간을 맞춘 다음 냉장고에 넣어 차게 준비해 둔다.
8 그릇에 데친 녹차 페투치니를 담고 ⑦의 냉콩국을 자작하게 부은 후 ②의 오이채, 방울토마토, 베이비채소를 보기 좋게 얹는다.

POINT ※

파스타는 모양에 따라 삶는 시간에 차이가 있으므로 시간을 잘 지켜야 제맛을 볼 수 있답니다.

아내가 꼭 알아야 할 식재료 건·강·상·식

콩은 비타민 E 성분이 많아 몸속 지방질의 산화를 방지한다. 따라서 동맥경화와 같은 생활습관성 질환 예방에 관여하며 혈액 순환 및 호르몬의 균형을 유지하는 데 좋다. 콩의 사포닌 성분은 과산화지질의 형성을 막는 기능이 있어 암과 치매 예방에도 효과가 있다. 속을 든든하게 채워주는 파스타에 담백한 콩국으로 남편의 여름 건강을 지켜보자.

Cooking for
Your Man

✱ 값싸고 폼나는 여름철 일품요리
게살냉채

재 료

주재료_ 냉동 게살 100g,
적양파·오이 1/2개씩, 무순 약간

올리브기름드레싱 재료_ 올리브기름·간장
1큰술씩, 식초 2큰술, 다진 마늘 1/2작은술,
소금·후춧가루 1/3작은술씩

만 드 는 법

1 냉동 게살은 실온에 두어 해동한 후 한 김 오른 찜통에 넣어 살짝 찐 다음 식혀 물기를 제거한 후 먹기 좋게 찢어 놓는다.
2 적양파와 오이는 얇게 채 썰고, 무순은 다듬어 따로따로 얼음물에 담갔다가 건진다.
3 볼에 분량의 재료를 넣고 고루 섞어 올리브기름드레싱을 만든다.
4 준비한 접시에 ②의 양파채와 오이채를 담고 게살과 무순을 얹은 다음 올리브기름드레싱을 끼얹는다.

POINT ✱
냉동 게살은 한번 찐 후 냉동한 것이므로 끓는 물에 데치거나 한 김 오른 찜통에 넣었다가 조리해야 맛있는 요리를 만들 수 있어요.

아내가 꼭 알아야 할 식재료 건·강·상·식
샐러드나 냉채의 드레싱으로 사용하는 올리브기름은 혈액의 응고를 막아주며 인체에 유익한 콜레스테롤의 비율을 높여 고혈압 등을 예방한다. 하지만 튀김을 할 때는 올리브기름보다 발연점이 높은 포도씨기름이나 카놀라기름을 사용하는 것이 좋다.

✽ 부침가루도 메밀을 쓰면 웰빙이다
참나물메밀전병과 무침

재 료

무침 재료_ 참나물 40g,
적양파·홍고추 1/2개씩
전병 재료_ 참나물 60g, 메밀가루·물 1컵씩,
소금 1작은술, 식용유 약간
무침 양념장 재료_ 간장 3큰술, 다진 마늘
1/2큰술, 다진 파·다진 풋고추 1큰술씩,
매실청 1/2큰술, 고춧가루·깨소금·참기름
1큰술씩

만 드 는 법

1 참나물은 깨끗이 다듬어 씻어 물기를 걷고 8cm 길이로 썬 다음 얼음물에 담갔다 건진다(작은 속잎은 따로 떼어 둔다).
2 적양파는 동그랗게 썰어 얼음물에 담갔다가 건진다.
3 고추는 반 갈라 씨를 털어 내고 2cm 길이로 곱게 채 썬다.
4 볼에 메밀가루를 담고 물과 소금을 넣어 곱게 푼 후 체에 내려 멍울 지지 않게 한 다음 따로 떼어 둔 참나물 속잎을 섞는다.
5 달군 팬에 기름을 조금만 두르고 ④의 메밀전병 반죽을 떠 수저로 둥글게 모양을 잡아 전병을 부친다.
6 볼에 분량의 재료를 고루 섞어 무침 양념장을 만든다.
7 볼에 ①·②·③의 재료를 한데 담고 먹기 직전에 무침 양념장을 넣어 조몰락조몰락 무친다.
8 접시에 ⑤의 참나물 메밀전병을 담고 ⑦의 참나물무침을 얹어 낸다.

POINT ✽
전병을 부칠 때에는 반죽을 한 숟가락 떠서 숟가락으로 둥글려 모양을 잡아준 후 전병이 투명하게 익으면 뒤집어야 모양이 예뻐요.

아내가 꼭 알아야 할 식재료 건·강·상·식
참나물은 영양뿐 아니라 고혈압과 중풍을 예방하며 신경통에도 좋다. 또한 지혈과 해열제로 사용하기도 한다.

뱅어포구이

새우마늘종볶음

Cooking for Your Man

✱ 반찬하기 힘든 여름을 위한 밑반찬 두 가지

새우마늘종볶음과 뱅어포구이

1 새우마늘종볶음   2 새우마늘종볶음   4 새우마늘종볶음

재 료 (새우마늘종볶음)
주재료_ 마른 새우 50g, 마늘종 80g,
참기름·통깨 약간씩
양념장 재료_ 올리브기름·고추장 1큰술씩,
간장 2작은술, 고운 고춧가루 1작은술,
맛술·물엿·매실청 2큰술씩

재 료 (뱅어포구이)
주재료_ 뱅어포 2장, 마른 고추 1개,
실파 2뿌리, 올리브기름·통깨 약간씩
양념장 재료_ 간장·고추장·물엿 1큰술씩,
매실청 2큰술, 고운 고춧가루 1/3작은술

만 드 는 법 (새우마늘종볶음)
1 마른 새우는 달군 팬에 기름을 두르지 않고 살짝 볶은 후 손으로 살살 비벼 다리를 제거한다.
2 마늘종은 4~5cm 길이로 잘라 끓는 물에 소금을 넣고 살짝 데쳐 놓는다.
3 볼에 분량의 재료를 한데 넣고 고루 섞어 양념장을 만든다.
4 오목한 팬에 ③의 양념장을 넣고 바글바글 끓으면 중간 불로 줄인 후 새우와 마늘종을 넣고 간이 배도록 졸이다가 참기름과 통깨를 넣고 버무린다.

만 드 는 법 (뱅어포구이)
1 뱅어포는 사방 5cm 크기로 잘라 달군 팬에 올리브기름을 넉넉하게 둘러 바삭하게 구워 놓는다.
2 마른 고추는 가위로 가늘게 잘라 놓고, 실파는 송송 썬다.
3 볼에 분량의 재료를 한데 담아 고루 섞어 양념장을 만든다.
4 접시에 구운 뱅어포를 담고 ③의 양념장을 끼얹은 후 실고추와 송송 썬 실파, 통깨를 뿌려 장식한다.

아내가 꼭 알아야 할 식재료 건·강·상·식

뱅어포구이는 만들기 쉽고 값도 싸다. 게다가 놀랄 정도로 영양도 풍부하다. 100g당 칼슘 함유량이 1000mg으로 다른 식품에 비해 월등히 높고 비타민 D가 풍부해 우리 몸의 뼈 건강에 필수적인 식품이다.

Cooking for Your Man

✱ 소양인 남편에게 해주면 좋은 냉채
새우녹차찜냉채

재 료

주재료_ 새우(중하) 12마리, 녹차가루 2팩(3g), 레몬 1/2개, 청피망 1/4개, 홍피망·양파 1/6개씩, 마늘 2쪽, 새싹채소 100g, 방울토마토 2개

흑초소스 재료_ 간장·올리브기름 2큰술씩, 흑초 1작은술, 고운 고춧가루·설탕 1/2작은술씩, 소금·후춧가루 1/3작은술씩

만 드 는 법

1 중하는 머리를 떼고 이쑤시개로 등 쪽의 내장을 제거한 후 씻어 놓는다.
2 뜨거운 물에 녹차가루를 풀어 두고, 레몬과 방울토마토는 둥글납작하게 썬다.
3 한 김 오른 대나무 찜통에 손질한 새우를 넣고 어느 정도 익으면 뚜껑을 열고 ②의 녹차를 끼얹어 다시 찐다.
4 찐 새우는 꼬리만 남기고 껍데기를 벗긴 다음 등 쪽에 칼집을 넣어 차게 식힌다.
5 피망, 양파, 마늘은 잘게 썰고, 새싹채소는 얼음물에 담갔다 건진다.
6 볼에 분량의 재료를 넣어 고루 섞은 후 ⑤의 잘게 썬 채소를 섞어 흑초소스를 만든다.
7 접시에 레몬과 방울토마토를 깔고 새싹채소를 올린 다음 ④의 새우를 담고 ⑥의 소스를 끼얹어 낸다.

POINT ✱

새우는 등 쪽 가운뎃부분에 까만 실 같은 내장이 보이는데 이쑤시개를 이용해 콕 찍어서 끄집어내면 쉽게 제거할 수 있어요.

아내가 꼭 알아야 할 식재료 건·강·상·식

새우는 단백질, 칼슘, 비타민이 풍부해 남성의 양기를 북돋워주며 신장을 튼튼하게 해주는 스태미나 식품이다. 새우와 같은 갑각류는 소양인 체질과 특히 궁합이 잘 맞는다. 새우가 제철일 때는 신선한 새우를 통째로 찜통에 직접 쪄서 껍데기만 벗겨 소스에 찍어 먹어도 좋다.

건강 간편 아침상
간편하고 다이어트에도 좋은

견과류과일샐러드와 두유선식

재 료
두유선식 재료_ 두유 4컵, 혼합잡곡 선식 1컵
견과류과일샐러드 재료_ 유기농 과일(복숭아, 참외, 자두 등) 4컵, 플레인 요구르트 1/2컵, 호두 4알

만 드 는 법
1 여름 제철 과일은 유기농으로 준비하여 한 입 크기로 썰어 그릇에 담고 플레인 요구르트를 끼얹는다.
2 콩은 전날 물에 충분히 담가 불린 후 냄비에 불린 콩과 물을 붓고 살짝 끓인다.
3 ②의 콩과 물을 식혀 믹서에 간 후 면포에 거른다.
4 셰이커에 두유를 붓고 선식을 넣어 고루 섞는다.
5 ①에 잘게 다진 호두를 뿌려 ④의 두유 선식과 함께 낸다.

POINT*
플레인 요구르트가 너무 심심하다 싶으면 꿀이나 잼을 첨가해 먹어도 좋아요.

아내가 꼭 알아야 할 식재료 건·강·상·식
선식은 섭취 칼로리는 적지만 인체에 효율적으로 흡수되어 몸도 건강해지고 살도 빼는 일석이조의 효과를 얻을 수 있다. 식물성 영양분과 섬유질이 풍부한 생식을 먹으면 숙변이 제거되어 온몸이 가뿐해지는 것은 물론 혈액 순환이 원활해져 부기가 빠지는 효과가 있다.

Cooking for Your Man

✱ 건강 간편 아침상

남성의 천적, 전립선암을 예방한다

콩샐러드와 토마토주스

재 료

주재료_ 강낭콩(덩굴콩) 2컵, 오이 1/3개, 방울토마토 4개, 적양파 1/4개, 호두 2알, 잡곡빵(또는 통밀빵) 8쪽

흑초깨드레싱 재료_ 볶은 검은깨·볶은 참깨·꿀 2큰술씩, 흑초 1작은술, 유기농 마요네즈 3큰술, 소금·후춧가루 1/2작은술씩

토마토주스(4잔)_ 토마토(대) 2개, 얼음 1컵, 물 1/2컵

만 드 는 법

1 콩은 껍질을 깐 후 끓는 물에 소금을 넣어 삶아 건진 다음 식힌다.
2 오이는 깍둑썰어 소금에 절였다가 물기를 꼭 짠다.
3 방울토마토는 반 가르고 적양파는 네모나게 썬다. 호두도 잘게 썬다.
4 블랜더에 볶은 검은깨와 참깨를 넣어 곱게 간 후 꿀, 흑초, 마요네즈, 소금, 후춧가루를 넣어 다시 한 번 갈아 흑초깨드레싱을 만든다.
5 믹서에 토마토와 분량의 얼음, 물을 넣고 곱게 갈아 토마토주스를 만든다.
6 볼에 콩과 준비한 재료를 고루 담고 흑초깨드레싱을 끼얹고 잡곡빵은 토스트하여 콩샐러드에 곁들여 먹는다.

POINT ✱

풋콩은 너무 오래 삶으면 씹는 질감과 향이 떨어져요.

아내가 꼭 알아야 할 식재료 건·강·상·식

흑초는 건강을 위해 하루 한 스푼을 희석해서 마신다. 흑초는 현미를 소화하기 쉬운 상태로 오랜 시간 발효시켜 만든 것으로, 각종 미네랄 및 아미노산이 보통 식초보다 5~10배 정도 더 들어 있다. 토마토의 붉은 색소인 라이코펜은 항산화 작용이 있어 동맥경화, 항암 예방에 효과가 있으며 특히 남성의 전립선암을 예방하는 대표적인 식품이다.

Cooking for
Your Man

✱ 여름철, 간편하고 맛있는 술안주를 찾는다면

오이참치회

재 료

주재료_ 오이 1개, 냉동 참치 100g,
청피망 · 양파 1/4개씩, 홍피망 1/6개,
마늘 2통, 청양고추 1개

흑초초고추장 재료_ 고추장 3큰술,
매실청 · 배즙 · 흑초 1큰술씩

만 드 는 법

1 오이는 깨끗이 씻은 후 6~7cm 길이로 토막 내 반 가른 다음 씨 부분을 도려낸다.
2 냉동 참치는 소금물에 잠시 담갔다가 건져 씻은 후 면포로 물기를 닦아낸 후 잘게 깍둑썰기한다.
3 피망, 양파, 마늘은 작게 썰고, 청양고추는 둥글게 썰어 씨를 턴다.
4 볼에 분량의 재료를 넣고 고루 섞어 흑초초고추장을 만든다.
5 볼에 참치와 준비한 피망, 양파, 마늘을 한데 담아 뭉그러지지 않게 살살 섞는다.
6 접시에 오이를 놓고 ⑤의 재료를 소복하게 담은 후 고추를 얹고 흑초초고추장을 끼얹어 낸다.

POINT ✱

참치는 손질해 썰은 후 냉장고에 차게 두었다가 먹기 직전에 꺼내세요. 또한 손길이 닿을수록 물러지므로 재빨리 살살 버무리세요.

아내가 꼭 알아야 할 식재료 건·강·상·식

참치는 당질과 지방이 적어 비만이나 당뇨, 혈압이 높은 남편의 영양식으로 권할 만하다. 참치는 각종 채소와 함께 회나 무침, 회덮밥으로 이용하면 좋다.

83

Cooking for Your Man

✻ 고지혈증이 의심되는 남편을 위해
가지아스파라거스무침

재 료

주재료_ 가지 2개, 잔멸치 1/4컵,
아스파라거스 4줄기, 올리브기름 약간

깨소스 재료_ 통깨 · 무즙 4큰술씩,
배즙 3큰술, 간장 · 흑초 1작은술씩,
매실청 또는 설탕 1/2작은술

만 드 는 법

1 가지는 길이로 반 갈라 어슷하게 썰어 소금물에 담갔다 건진 다음 면포에 싸 물기를 제거한다.
2 달군 팬에 올리브기름을 두르고 잔멸치를 넣어 바삭하게 볶는다.
3 달군 팬에 올리브기름을 두르고 ①의 가지를 넣어 볶는다.
4 아스파라거스는 가는 것으로 준비하여 어슷하게 썰어 가지처럼 볶는다.
5 깨소스에 들어갈 통깨는 볶아 놓는다.
6 믹서에 볶은 통깨를 곱게 간 후 볼에 담고 분량의 재료를 넣어 깨소스를 만든다.
7 접시에 가지와 아스파라거스를 담고 잔멸치를 얹은 후 깨소스를 끼얹어 낸다.

POINT ✻
아스파라거스의 밑동이 억세다 싶으면 필러나 칼로 벗겨낸 후 요리하세요.

아내가 꼭 알아야 할 식재료 건 · 강 · 상 · 식

가지는 특유의 보라색인 안토시안계 색소인 니스닌이 주성분으로, 콜레스테롤을 현저히 낮춰준다는 실험 보고가 있다. 따라서 고지혈증 환자가 자주 섭취하면 혈중 콜레스테롤을 낮출 수 있으므로 육류를 좋아하는 남편에게 제철인 여름에 자주 해주면 좋다.

녹차라테

웰빙미숫가루화채

오미자화채

Cooking for Your Man

✱ 여름엔 음료도 가려 마셔야 건강하다

오미자화채와 웰빙미숫가루화채, 녹차라테

1 오미자화채   1 웰빙미숫가루화채   1 녹차라테

재 료 (오미자화채)

주재료_ 오미자 3/4컵, 물 2 1/2컵, 꿀 4큰술, 제철 과일(수박, 산딸기, 배 등), 프레시 애플민트 · 얼음 약간씩

재 료 (웰빙미숫가루화채)

주재료_ 미숫가루 1컵, 물 5컵, 설탕 1/4컵, 제철 과일(수박, 복숭아, 산딸기, 참외, 자두 등) · 얼음 약간씩

재 료 (녹차라테)

주재료_ 말차 2작은술, 우유 1컵, 설탕 1큰술

만 드 는 법 (오미자 화채)

1 오미자는 찬물에 씻어 유리 볼에 담고 물을 부어 한나절 정도 우린 다음 면포에 거른다. 거른 오미자는 다시 물을 붓고 한나절 동안 한 번 더 우려낸다.

2 ①의 오미자즙에 꿀을 넣어 단맛을 조절한 다음 냉장고에 넣어 차게 준비해 두고 과일은 먹기 좋은 크기로 썰고, 프레시 애플민트는 한 잎씩 떼어 씻어 놓는다.

3 ②의 오미자즙에 ③의 손질한 과일과 애플민트를 넣고 얼음을 띄워 낸다.

만 드 는 법 (웰빙미숫가루화채)

1 셰이커에 물과 미숫가루를 넣고 잘 푼 후 설탕을 넣어 다시 한 번 섞은 후 냉장고에 넣어 차게 준비해 두고 제철 과일은 깍둑썰기로 잘게 썬다.

2 ①에 깍둑썰기한 과일을 넣고 먹기 직전에 얼음을 띄운다.

만 드 는 법 (녹차라테)

1 믹서에 말차와 우유, 설탕을 한데 넣고 곱게 간다.

아내가 꼭 알아야 할 식재료 건·강·상·식

오미자의 독특한 신맛은 땀이나 수분이 몸에서 빠져나가는 것을 억제하는 작용을 한다. 따라서 여름철 건강을 위해서 오미자를 화채와 차로 즐기면 더할 나위 없이 좋다.

Cooking for Your Man

✱ 더위를 이기는 얼큰하고 푸짐한 한 끼

닭육개장

재료

주재료_ 닭고기(대) 1마리, 애느타리버섯 80g, 애호박 100g, 양파 1/2개, 숙주 200g, 실파 8뿌리, 소금·후춧가루 약간씩

육수 재료_ 대파 1/2대, 마늘 3쪽, 생강 1톨

다진 양념장 재료_ 고춧가루 3큰술, 국간장·청주 2큰술씩, 깨소금 1작은술, 다진 마늘 1큰술, 올리브기름·참기름 1/2큰술씩

만 드 는 법

1 닭은 깨끗이 손질하여 4토막을 낸다.
2 냄비에 찬물을 붓고 팔팔 끓으면 닭을 넣어 데친 다음 국물은 버린다.
3 냄비에 다시 찬물을 붓고 ②의 닭과 육수 재료를 넣어 4분 정도 푹 끓인 후 닭고기는 건져 내고 국물은 면포에 밭쳐 걸러 놓는다.
4 ③의 닭고기는 껍질을 벗기고 뼈를 발라 살만 찢어 놓는다.
5 버섯은 손으로 찢고, 호박과 양파는 채 썬다. 숙주는 씻어 놓고 실파는 5cm 길이로 썰어 놓는다.
6 볼에 분량의 재료를 넣어 다진 양념장을 만든다.
7 냄비에 올리브기름과 참기름을 두르고 따뜻해지면 은근한 불에 ⑥의 양념장을 넣어 고춧가루가 타지 않도록 볶는다.
8 ③의 닭 육수에 ⑦의 양념을 잘 풀어 넣고 팔팔 끓으면 모든 채소를 한데 넣고 끓인 후 살만 바른 닭고기를 넣는다.
9 닭육개장이 익으면 소금과 후춧가루로 간을 맞춘다.

아내가 꼭 알아야 할 식재료 건·강·상·식

닭고기를 푹 고아 육개장처럼 닭개장을 끓이면 얼큰한데다 닭 냄새가 나지 않으면서 구수하고 깊은 맛으로 남편의 식욕을 돋울 수 있다.

오미해초냉국

도토리묵오이지냉국

Cooking for Your Man

*이보다 더 시원할 수 없는 냉국 두 가지

도토리묵오이지냉국과 오이해초냉국

3 도토리묵오이지냉국

4 도토리묵오이지냉국

2 오이해초냉국

재 료 (도토리묵오이지냉국)

주재료_ 도토리묵 1모, 홍고추 1/2개, 무순 20g, 오이지 1개, 통깨 1큰술, 얼음 약간
멸치다시마 국물 재료_ 멸치 10g, 다시마(10cm 길이) 1장, 북어 머리 1개
냉국 재료_ 멸치다시마 국물 4컵, 국간장·설탕·식초 2큰술씩, 소금 1작은술
오이지무침 양념 재료_ 설탕·참기름·다진 파 1작은술씩, 다진 마늘 1/2작은술

재 료 (오이해초냉국)

주재료_ 오이 1/2개, 해초 100g, 청고추 1개, 홍고추 1/3개, 얼음 약간
냉국 재료_ 다진 파 2작은술, 다진 마늘 1작은술, 국간장 2큰술, 고춧가루 1작은술, 물 4컵, 설탕·식초 2큰술씩, 소금 1작은술

만 드 는 법 (도토리묵 오이지 냉국)

1 냄비에 분량의 재료를 넣고 한소끔 끓인 후 10분 정도 기다렸다가 한 번 더 끓으면 면포에 걸러 멸치다시마 국물을 만든다.
2 ①의 멸치다시마 국물 4컵에 분량의 재료를 넣어 냉국을 만든 후 냉장고에 넣어 차게 준비해 둔다.
3 도토리묵은 채 썰고 고추는 둥글게 썬다. 무순은 밑동을 잘라 씻어 놓는다.
4 오이지는 동글납작하게 얇게 썰어 물에 담갔다 헹궈 짜지 않게 해 물기를 꼭 짠 후 분량의 오이지무침 양념으로 무친다.
5 그릇에 도토리묵을 1인분씩 담고 무순, 오이지, 고추를 얹고 ②의 냉국을 부은 후 얼음을 띄운 다음 통깨를 뿌린다.

만 드 는 법 (오이해초냉국)

1 오이는 모양을 살려 동글게 썰고, 해초는 불려 씻어 놓는다.
2 해초에 다진 파, 다진 마늘, 국간장, 고춧가루를 넣어 고루 버무린다.
3 ②에 물을 붓고 설탕, 식초, 소금을 넣어 새콤달콤하게 간을 맞춘다.
4 고추는 송송 썰어 씨를 털고 오이와 함께 ③에 넣고 얼음을 띄운다.

아내가 꼭 알아야 할 식재료 건·강·상·식

도토리묵의 타닌 성분은 설사를 멈추게 하고 아콘산 성분은 몸에 쌓인 중금속의 배출을 돕는다. 뿐만 아니라 피로 회복과 숙취 해소에 좋고 소화도 잘된다. 열량은 100g당 70cal로 다이어트 식품으로도 각광받고 있다.

✱ 시원하고 담백한 맛으로 즐긴다
여름 만둣국

재 료

주재료_ 우리밀가루 2컵, 물 8큰술, 소금 1
작은술, 표고버섯 3장, 오이 2개, 잣 2큰술,
올리브기름 · 고명용 달걀부침과 홍고추
적채 · 오이 약간씩

표고버섯 양념장 재료_ 국간장 · 설탕 1작은술씩,
다진 파 1큰술씩, 다진 마늘 · 깨소금 · 참기름
1작은술씩

멸치장국 재료_ 멸치 10g, 다시마(10cm 길이)
1장, 북어 머리 1개, 마늘 3쪽,
대파 1/3대, 양파 1/4개, 국간장 1큰술

만 드 는 법

1 우리밀가루에 물과 소금을 넣고 반죽하여 잘 치댄 후 비닐에 싸서 30분 정도 냉장고에 넣어둔다.
2 ①의 만두피 반죽을 얇게 밀어 사방 6cm 크기로 썬다.
3 표고버섯은 물에 불린 후 밑동을 떼고 씻은 다음 물기를 꼭 짜고 곱게 채 썬다.
4 볼에 분량의 양념을 한데 넣어 표고버섯 양념장을 만든 후 ③의 표고채에 넣어 양념해 놓는다.
5 오이는 4cm로 토막 낸 후 돌려 깎기해 씨를 제거한 후 채 썰어 소금에 절였다가 물기를 꼭 짠다.
6 달군 팬에 올리브기름을 두르고 오이와 표고를 각각 볶은 후 한데 섞고 잣을 넣어 만두소를 만든다.
7 만두피에 ⑥의 소를 넣어 만두피의 네 귀를 한데 모아 맞붙여 네모난 만두를 빚고 한 김 오른 찜기에 넣어 찐 다음 식힌다.
8 냄비에 분량의 재료를 한데 담고 팔팔 끓인 후 국간장으로 간을 맞춰 멸치장국을 끓인 다음 차게 식힌다.
9 달걀은 소금을 넣어 잘 푼 후 지단을 부쳐 채 썰고 오이와 적채, 고추도 곱게 채 썬다.
10 그릇에 ⑦의 만두를 넣은 후 ⑧의 장국을 담고 ⑨의 고명을 얹어 장식한 후 얼음을 띄운다.

아내가 꼭 알아야 할 식재료 건 · 강 · 상 · 식

흔히 만둣국은 겨울에 즐기는 음식이라고 여기지만 여름철에 많이 나는 오이를 절여 만든 '편수'라는 여름 만두도 있다. 오이의 아삭거리고 향긋한 맛과 표고버섯의 깊은 향이 어우러져 색다른 맛을 즐길 수 있다.

Cooking for Your Man

✱ 때로는 멋진 양식으로 분위기를 내고 싶을 때

연어허브구이와 옥수수통마늘구이

재 료

주재료_ 연어(스테이크용) 400g, 우유 4큰술, 로즈메리 4줄기, 양송이버섯 4개, 레몬 4쪽, 옥수수 1개, 통마늘 4개, 올리브기름 · 통후추 · 마늘가루 · 소금 · 후춧가루 약간씩

연어 밑간 재료_ 양파 · 당근 1/2개씩, 셀러리 1/2줄기, 올리브기름 4큰술

만 드 는 법

1 연어는 흐르는 물에 씻은 후 우유에 20분 정도 재웠다가 씻어 종이행주로 물기를 걷는다.
2 기름종이를 깐 후 분량의 밑간 재료를 곱게 채 썰어 연어에 얹고, 올리브기름을 뿌려 20분 정도 밑간한다.
3 로즈메리는 씻어 놓고 버섯은 반 가른다.
4 ②의 재운 연어에 통후추와 마늘가루를 뿌리고 버섯과 레몬, 로즈메리를 얹어 종이를 감싼다.
5 옥수수에 소금, 후춧가루, 올리브기름을 뿌리고, 통마늘은 겉껍질만 벗긴 후 윗부분을 잘라내 소금, 후추, 올리브기름을 뿌려 밑간한다.
6 오븐 팬에 ④의 연어와 ⑤의 옥수수, 통마늘을 올리고 200℃로 예열한 오븐에 넣고 20분 정도 노릇하게 굽는다.

POINT ✱

서양식 바비큐에서는 대부분의 채소를 통구이합니다. 굽기 전 향긋한 허브와 올리브기름에 미리 밑간해 구우면 맛과 향이 두 배로 살아나요.

아내가 꼭 알아야 할 식재료 건 · 강 · 상 · 식

중년 남성에게 연어는 아주 중요한 영양 공급원이다. 단백질과 지방의 함량이 많고 비타민과 무기질도 풍부하기 때문. 특히 불포화지방산인 DHA의 함량이 많아 생활습관성 질환 예방에도 좋다. 연어구이에 제철 옥수수와 스태미나에 도움이 되는 통마늘을 곁들이면 더욱 좋다.

들깨향의 고구마순나물

두릅순나물

깻잎나물

Cooking for Your Man

* 남편을 위한 여름철 건강 나물 세 가지

깻잎나물과 두릅순나물, 들깨향의 고구마순나물

1 깻잎나물   2 두릅순나물   3 고구마순나물

만 드 는 재 료 (깻잎나물)
주재료_ 깻잎 200g, 홍고추 1/3개, 소금 약간
양념장 재료_ 간장·다진 파 1큰술씩, 다진 마늘·깨소금·들기름·올리브기름 1작은술씩

만 드 는 재 료 (두릅순나물)
주재료_ 두릅순나물 200g, 홍고추 1/3개, 소금 약간
양념장 재료_ 된장 1/2큰술, 고추장·다진 파·다진 마늘 1큰술씩, 깨소금·들기름 1작은술씩, 홍고추 1/3개

만 드 는 재 료 (들깨향의 고구마순나물)
주재료_ 고구마순 200g, 청고추 1개, 홍고추 1/3개, 들기름 1큰술, 물 1/3컵, 들깻가루 2큰술
양념장 재료_ 간장·다진 파 1큰술씩, 다진 마늘 1작은술, 들기름 1큰술

만 드 는 법 (깻잎나물)
1 깻잎 순은 억센 줄기를 다듬고 씻어 끓는 물에 소금을 넣고 데친 후 찬물에 헹군 다음 물기를 꼭 짠다.
2 볼에 ①의 데친 깻잎을 담고 분량의 양념장 재료를 조몰락조몰락 무쳐 양념이 배이도록 잠시 둔다.
3 달군 팬에 올리브기름을 두르고 ②의 깻잎을 넣어 볶다가 동글게 썰어 씨를 턴 고추를 넣는다.

만 드 는 법 (두릅순나물)
1 두릅순은 손질한 후 씻어 끓는 물에 소금을 넣고 살짝 데친 후 재빨리 찬물에 헹궈 물기를 짠다.
2 볼에 분량의 양념장 재료를 넣고 고루 섞은 후 데친 두릅을 넣어 버무리다 동글게 썰어 씨를 턴 고추를 넣는다.

만 드 는 법 (들깨향의 고구마순나물)
1 고구마순은 껍질을 벗겨 끓는 물에 데친 후 찬물에 헹궈 물기를 짠 다음 먹기 좋게 자른다.
2 고추는 반 갈라 씨를 턴 후 길이로 채 썰고 ①의 데친 고구마순에 분량의 양념장을 넣어 무친다.
3 달군 팬에 들기름 1큰술을 두르고 ②의 양념한 고구마순을 넣고 볶다가 물을 약간 넣어 볶은 후 들깻가루와 채 썬 고추를 넣는다.

아내가 꼭 알아야 할 식재료 건·강·상·식

깻잎은 알레르기 체질에 좋고 두릅은 사포닌 성분을 함유하고 있어 혈액 순환을 돕는다. 고구마순은 카로틴과 식이섬유소가 풍부해 장 건강에 좋다.

된장과 호박이 만나 만병을 물리친다
쌈밥과 해물쌈된장

재 료

주재료_ 보리밥 4공기, 호박잎 12장,
머위잎 12장
쌈된장 재료_ 오징어 1/4마리, 조갯살 50g,
멸치(볶음용) 10g, 표고버섯 2장, 청고추 2개,
홍고추 1개, 대파 1/2대, 감자 1/2개, 물 1컵,
다시마가루 1작은술, 쌀가루 1큰술,
된장 3큰술, 다진 마늘 1작은술,
참기름·깨소금·소금 약간씩

만 드 는 법

1 호박잎은 줄기 부분을 꺾어 섬유질을 벗긴 다음 다듬어 씻어 한 김 오른 찜통에 넣어 파릇하게 쪄낸다.
2 머위잎은 다듬어 끓는 물에 소금을 넣어 데친 후 찬물에 적어도 30분 정도 담가 쌉쌀한 맛을 제거한다.
3 오징어는 껍질을 벗겨 손질한 후 잘게 썰고, 조갯살은 씻어 놓는다.
4 멸치는 머리를 떼고 내장을 발라낸 후 잘게 다진다.
5 표고버섯은 밑동을 떼고 물에 불려 씻은 후 잘게 썰고 고추, 대파는 송송 썰고 감자는 잘게 썬다.
6 달군 뚝배기에 참기름을 두르고 대파를 뺀 ③·④·⑤의 재료를 넣어 재빨리 볶은 후 물을 붓고 다시마가루를 넣어 한소끔 끓인다.
7 ⑥의 국물에 쌀가루와 된장을 풀고 다진 마늘과 대파를 넣어 자작하게 끓인 후 깨소금을 넣어 해물 쌈된장을 만든다.
8 데친 호박잎과 머위잎에 보리밥을 놓고 쌈된장을 얹어 쌈을 싸 먹는다.

POINT *

쌈된장을 만들 때 너무 오래 끓이면 짜지므로 쌀가루를 넣어 재빨리 끓이세요.

아내가 꼭 알아야 할 식재료 건·강·상·식

호박잎은 장내 유익한 균을 증식시켜 장을 튼튼히 하고 몸의 독성을 해독시킨다.

가을

가을은 양질의 단백질과 불포화지방산이 풍부한 꽁치, 전어, 고등어 등의 생선과 고기류를 섭취해 추운 겨울을 건강하게 보내기 위한 준비가 필요하다. 몸의 기운이 처질 때는 식물의 열매, 뿌리 등 다양한 재료로 끓인 따뜻한 한방차로 건강을 챙기자. 차를 잘 마시는 것이 보약이란 음위보(飮爲補)를 실천하는 것도 가을에 해야 할 건강 관리법의 하나이다.

Cooking for Your Man

✽ 가을철, 양질의 단백질로 영양을 공급한다

메로된장구이와 버섯채소볶음

3 5 7

재 료

주재료_ 메로 4토막, 생표고버섯 2장,
새송이버섯 2개, 홍피망 1/2개, 양파 1/4개,
아스파라거스 4줄기, 마늘 2쪽, 간장 1큰술,
올리브기름 · 후춧가루 · 통후추 약간씩
메로 양념장 재료_ 된장 · 청주 2큰술씩,
물 6큰술

만 드 는 법

1 메로는 해동해 손질한 후 흐르는 물에 씻어 물기를 닦아 놓는다.
2 볼에 분량의 재료를 넣고 고루 섞어 메로 양념장을 만든다.
3 메로에 ②의 양념장을 발라 20분 정도 재운다.
4 버섯과 피망, 양파, 아스파라거스는 먹기 좋은 크기로 썰고 마늘은 저민다.
5 달군 프라이팬에 올리브기름을 두르고 저민 마늘을 볶다가 버섯과 갖은 채소를 넣고 볶은 후 간장을 넣고 후춧가루로 양념한다.
6 ③의 재운 메로는 물에 씻어 양념장을 제거한 후 물기를 닦는다.
7 달군 팬에 올리브기름을 약간 두르고 ⑥의 메로를 넣어 앞뒤로 노릇노릇하게 굽는다.
8 접시에 메로구이와 버섯채소볶음을 보기 좋게 담고 맨 위에 통후추를 갈아 뿌린다.

POINT✽

메로는 소금구이, 된장구이, 간장양념구이 모두 맛이 잘 어울립니다. 된장구이는 된장 양념에 재웠다가 간이 배면 물에 씻어 구워야 담백한 맛을 살릴 수 있어요.

아내가 꼭 알아야 할 식재료 건 · 강 · 상 · 식

메로는 값은 좀 비싼 편이지만 생선 중 가장 살이 부드러워 입에서 살살 녹는 고급 생선 중의 하나이다. 양질의 단백질을 풍부하게 함유하고 있어 바쁜 일과로 지친 남편의 영양식으로 권할 만하다.

레드와인에 졸인 배

사과조림오렌지소스

Cooking for Your Man

✱ 남편을 위한 건강 디저트 두 가지
사과조림오렌지소스와 레드와인에 졸인 배

4 사과조림오렌지소스 5 사과조림오렌지소스

2 레드와인에 졸인 배

재 료 (사과조림오렌지소스)

주재료_ 사과 1개, 각종 견과류(땅콩, 호두, 잣, 대추 등) 1/4컵, 올리브기름 2큰술, 설탕 1/2컵, 계핏가루 약간, 춘권피 4장

다시마 국물 재료_ 다시마(12cm 길이) 1조각, 물 1컵

오렌지소스 재료_ 오렌지주스 1/2컵, 설탕 40g

재 료 (레드와인에 졸인 배)

주재료_ 배 1개, 레드와인 1/2컵, 물 1컵, 설탕 1/2컵, 슈거파우더·계핏가루 약간씩

만 드 는 법 (사과조림오렌지소스)

1 유기농 사과는 8등분해 씨를 제거한 후 껍질째 납작하게 썰고 각종 견과류는 잘게 다진다.
2 다시마는 물에 담가 불린 다음 국물은 사과조림 밑국물로 사용하고 다시마는 건져 0.5cm 너비로 길게 썬다.
3 달군 냄비에 올리브기름을 두른 후 사과를 볶다가 ②의 다시마 국물과 설탕을 넣고 중간 불로 줄여 서서히 졸인다.
4 ③에 ①의 견과류를 넣고 다시 졸인 후 계핏가루를 뿌려 향을 돋운다.
5 춘권피에 ④의 사과견과류조림을 적당량 올리고 주머니 모양으로 아물린 다음 ②의 길게 썬 다시마로 묶는다.
6 180℃로 예열한 오븐이나 오븐 토스터에 ⑤의 재료를 넣어 10분간 노릇하고 바삭하게 굽는다.
7 냄비에 분량의 재료를 넣고 걸쭉해질 때까지 졸여 오렌지소스를 만든 후 ⑥에 끼얹어 낸다.

만 드 는 법 (레드와인에 졸인 배)

1 배는 길이로 12등분하여 씨부분을 발라낸 후 껍질을 벗긴다.
2 냄비에 분량의 와인, 물, 설탕을 넣은 후 끓기 시작하면 ①의 배를 넣고 한소끔 끓인 후 중간 불로 줄여 배가 투명해질 때까지 서서히 졸이고 마무리로 슈거파우더와 계핏가루를 뿌린다.

아내가 꼭 알아야 할 식재료 건·강·상·식

와인은 술이자 음식인데, 우리 몸에 유해한 활성산소 생성을 억제해 노화와 각종 생활습관성 질환, 암 예방에 도움을 준다. 여성은 하루 한 잔, 남성은 두 잔 정도가 적당하다.

Cooking for Your Man

✱ 담백한 생선과 상큼한 소스의 만남
흰살생선찜

재 료

주재료_ 대구 1마리, 생표고버섯 1장, 치커리 3줄기, 청·홍피망 1/4개씩, 마늘 2쪽, 라임(또는 레몬) 1/4개, 다시마가다랑어 국물 1 1/4컵, 간장 1큰술, 물녹말 2큰술, 소금·참기름 약간씩

다시마가다랑어 국물 재료_ 다시마(10cm 길이) 1장, 가다랑어포 1/2컵, 물 3컵

폰즈소스 재료_ 다시마가다랑어 국물 1/2컵, 간장 2큰술, 레몬 1쪽, 식초 2큰술, 무즙 2큰술, 소금 1/3작은술

만 드 는 법

1 대구는 깨끗하게 손질해 먹기 좋은 크기로 4토막을 낸 후 청주, 소금, 참기름을 뿌려 한 김 오른 찜통이나 전자레인지에서 찐다.
2 버섯은 납작하게 저미고, 치커리는 손으로 뜯고 피망은 채 썬다.
3 마늘은 저미고, 라임은 반달 모양으로 썬다.
4 냄비에 다시마가다랑어 국물을 넣고 바글바글 끓으면 간장으로 색을 내고 소금으로 간한 후 버섯, 피망, 대파 채, 마늘을 넣고 한 번 더 끓인다.
5 ④에 물녹말을 풀어 넣어 농도를 맞춘 후 참기름을 둘러 소스를 만든다.
6 준비한 그릇에 흰살 생선찜을 담고 ⑤의 소스를 끼얹은 후 치커리와 라임을 얹는다.
7 볼에 분량의 재료를 넣어 폰즈소스를 만든 후 흰살 생선찜에 곁들여 낸다.

POINT ✱
맛있는 생선찜을 하려면 살이 단단하고 담백한 맛을 가진 흰살 생선을 이용하는 게 좋아요.

아내가 꼭 알아야 할 식재료 건·강·상·식
대구는 지방 함량이 적고 칼슘과 단백질이 풍부한 생선으로 담백한 맛이 일품이다. 찐 대구살에 부족한 비타민과 무기질을 보충하기 위해 버섯과 채소를 곁들여 흰살생선찜을 만들어 내면 담백한 생선맛과 상큼한 폰즈소스가 완벽한 조화를 이룬다.

✱ 깔끔한 맛의 고기구이
라임소스샤브샤브구이와 수삼샐러드

재 료

주재료_ 쇠고기(샤브샤브용) 300g, 수삼 1뿌리, 배 1/4개, 오이 1/2개, 적양파 1/4개, 비타민 약간

라임소스 재료_ 다시마가다랑어 국물 1/4컵, 간장·라임즙(또는 식초) 1큰술씩, 청주 2큰술, 라임 1쪽, 송송 썬 실파 2큰술, 소금 1/4작은술, 깨소금 1작은술

잣소스 재료_ 잣가루 3큰술, 식초·설탕 1큰술씩, 소금 1/3작은술

만 드 는 법

1 쇠고기는 샤브샤브용으로 얇게 썰어 접시에 담아 놓는다.
2 볼에 분량의 재료를 한데 넣고 고루 섞어 라임소스를 만든다.
3 ①의 손질한 샤브샤브용 고기에 라임소스를 끼얹어 10분 정도 재운다.
4 뜨겁게 달군 돌판이나 전기 프라이팬에 ③의 고기를 얹어 즉석에서 굽는다.
5 수삼, 배, 오이, 적양파는 곱게 채 썰고 비타민을 뜯어 얼음물에 잠시 담갔다가 건진다.
6 볼에 분량의 재료를 넣어 잣소스를 만든 후 ⑤의 준비한 채소에 끼얹어 수삼샐러드를 만든다.
7 접시에 ④의 구운 고기 한 점을 놓고 ⑥의 수삼샐러드를 올려 함께 싸서 먹는다.

POINT ✱

라임 대신 레몬을 넣어 레몬소스에 고기를 재웠다가 구워도 좋아요.

아내가 꼭 알아야 할 식재료 건·강·상·식

얇게 썬 샤브샤브용 고기를 상큼한 레몬 소스에 적셔 살짝 구우면 고기가 한결 산뜻하고 부드러운 맛이 난다. 몸을 건강하게 하는 수삼과 각종 채소를 곁들여 만들어 보자.

Cooking for
Your Man

✱ 가을철, 남편의 활력을 위해

게살과 치즈를 넣은 생표고버섯양념꼬치구이

재 료

주재료_ 생표고버섯 8장, 방울토마토 1개, 치커리 8줄기, 게살 50g, 브리치즈 4쪽
양념장 재료_ 간장 1큰술, 설탕·다진 파 1작은술씩, 다진 마늘·통깨 1/2작은술씩, 참기름 1작은술
흑초고추기름 간장소스 재료_ 간장 2큰술, 흑초·꿀·고추기름·레드와인 1큰술씩

만 드 는 법

1 버섯은 밑동을 떼고 갓 부분에 칼로 열십자를 낸 다음 흐르는 물에 가볍게 씻은 후 물기를 닦아낸다.
2 방울토마토는 둥글납작하게 썰고 치커리는 손질해 흐르는 물에 씻은 후 손으로 뜯어 2등분해 놓는다.
3 게살은 상온에 두어 해동한 후 물기를 걷은 다음 손으로 발라서 찢어놓는다.
4 브리치즈는 3mm 두께로 얇게 썬다.
5 볼에 분량의 재료를 넣어 양념장을 만든 후 ①의 손질한 버섯을 재운다.
6 달군 프라이팬에 ⑤의 재운 버섯을 굽는다.
7 대꼬챙이에 ⑥의 구운 버섯과 게살, 방울토마토, 브리치즈, 버섯을 차례로 꿴다.
8 볼에 분량의 재료를 넣고 고루 섞어 흑초고추기름 간장소스를 만든다.
9 ⑦의 꼬치를 전자레인지에 넣어 30초~1분 정도 살짝 구운 후 접시에 보기 좋게 담아 치커리를 곁들이고 흑초고추기름 간장소스를 끼얹어낸다.

POINT ✱

아삭한 식감을 즐기고 싶을 때는 치커리 대신 양상추를 곁들이면 좋아요.

아내가 꼭 알아야 할 식재료 건·강·상·식

예부터 버섯은 단백질과 비타민이 많고 체내 독열을 제거해 생기를 되살린다고 알려져 있다. 기온이 내려가기 시작하는 가을철 남편 보양식으로 준비하면 얕은 감기나 오한에 좋다.

Cooking for Your Man

※ 양의 성질을 가진 남편을 위한 보양식

낙지버섯전골

재 료

주재료_ 낙지 1마리, 쇠고기(불고기용) 100g, 호박 1/2개, 미나리 30g, 가래떡(떡국용) 1/4컵, 홍고추 1개, 양파 1/4개, 대파 1/2대, 표고버섯 3장, 쑥갓 2줄기, 육수 3컵, 굵은소금·소금·후춧가루 약간씩

낙지 양념장 재료_ 고추장 1큰술, 고춧가루·청주 2큰술씩, 간장 1큰술, 다진 파·다진 마늘 1큰술씩, 깨소금·참기름 1/2작은술씩

쇠고기 양념장 재료_ 간장·다진 파 1큰술씩, 다진 마늘·깨소금·설탕·후춧가루·참기름 1작은술씩

육수 재료_ 북어 대가리 2개, 무 50g, 멸치 15g, 다시마(10cm 길이) 1조각, 양파 1/4개, 대파 1/2대, 마늘 5쪽, 물 5컵

만 드 는 법

1 낙지는 먹통을 떼고 굵은소금에 바락바락 주물러 손질한 후 흐르는 물에 깨끗이 비벼 씻어 6cm 길이로 토막 낸다.
2 볼에 분량의 재료를 담고 고루 섞어 낙지 양념장을 만든 후 손질한 낙지를 버무려 놓는다.
3 볼에 분량의 재료를 담아 고루 섞어 쇠고기 양념장을 만든 후 쇠고기를 먹기 좋게 썰어 재운다.
4 호박은 반달 모양으로 썰고, 미나리는 4cm 길이로 썬다.
5 가래떡은 물에 씻고 고추는 어슷썬다. 양파, 대파는 4cm 길이로 길게 썰고 표고버섯은 물에 불려 밑동을 떼고 씻어 길이로 저민다.
6 전골냄비에 미나리를 제외한 모든 재료를 보기 좋게 담고 육수를 붓고 끓이다가 한소끔 끓으면 소금, 후춧가루로 간을 맞춘 다음 미나리와 쑥갓을 올린 후 불을 끈다.

POINT ※
전골냄비에 재료를 담을 때 채소는 가장자리에 빙 둘러 색색으로 맞춰 담고 가운데에 주재료를 소복하게 올리는 게 보기에 좋답니다.

아내가 꼭 알아야 할 식재료 건·강·상·식
낙지는 단백질과 비타민, 무기질 성분이 있는 뛰어난 저칼로리 스태미나 식품이다. 어패류가 양의 식품이므로 양의 체질(태양인, 소양인)인 사람에게 특히 좋다.

생더덕장아찌

통도라지찹쌀구이

Cooking for
Your Man

✱ 하기 쉽고 영양, 만점인 가을 밑반찬 두 가지
통도라지찹쌀구이와 생더덕장아찌

1 생더덕장아찌   2 생더덕장아찌   4 생더덕장아찌

재 료 (통도라지찹쌀구이)
주재료_ 통도라지 3뿌리, 찹쌀가루 1/2컵,
올리브기름 약간
양념장 재료_ 고추장 2큰술, 다진 파 1큰술,
다진 마늘 1작은술, 설탕 1/2큰술,
통깨·간장·참기름 1작은술씩

재 료 (생더덕장아찌)
주재료_ 더덕 200g
양념장 재료_ 간장 4큰술, 청주·황설탕
2큰술씩, 고추장 6큰술, 조청(또는 물엿)
2큰술, 다진 마늘 1큰술, 통깨·참기름
1작은술씩, 송송 썬 실파 1큰술

만 드 는 법 (통도라지찹쌀구이)
1 통도라지는 껍질을 벗긴 후 5cm 길이로 토막 내 2mm 두께로 저민 후 연한 소금물에 잠시 담갔다가 씻어 종이행주에 올려 물기를 닦는다.
2 볼에 분량의 재료를 넣고 섞어 양념장을 만든 후 통도라지에 바른 다음 앞뒤로 찹쌀가루를 묻혔다가 털어낸다.
3 달군 팬에 올리브기름을 두르고 은근한 불로 줄여 ②의 찹쌀 묻힌 도라지를 노릇하게 굽는다.

만 드 는 법 (생더덕장아찌)
1 더덕은 껍질을 벗기고 연한 소금물에 담가 떫은맛을 우려낸 후 방망이로 두드린 다음 종이행주로 물기를 걷어 한나절 정도 반그늘에서 말린다.
2 볼에 분량의 간장, 청주, 황설탕을 잘 섞어 밑양념을 만든 후 ①의 더덕이 자박자박 잠길 만큼 부어 2~3일 정도 실온에 둔다.
3 ②의 더덕을 건지고 더덕에 묻은 국물을 짜낸 후 남은 밑양념에 분량의 고추장과 조청을 넣어 되직하게 졸인 다음 식힌다.
4 건져낸 더덕은 ③의 졸인 양념에 재워두었다가 먹을 때 손으로 가닥가닥 찢고 다진 마늘, 통깨, 송송 썬 실파, 참기름을 넣어 무친다.

아내가 꼭 알아야 할 식재료 건·강·상·식
도라지는 칼슘과 철분이 많고 호흡기 계통의 질환에 좋은 식품이다. 더덕은 폐, 비장, 위장을 튼튼하게 해주며 건위 강장식품으로 알려져 있다.

*매운 찜을 좋아하는 남편에게
황태콩나물찜

재 료

주재료_ 황태(대) 1마리, 미더덕 100g, 콩나물 300g, 대파 1/2대, 미나리 50g, 황태 육수 2 1/2컵, 들깨가루·물녹말 3큰술, 참기름 1큰술, 소금·후춧가루 약간씩

황태 육수 재료_ 물 5컵, 멸치(국물용) 15g, 다시마(10cm 길이) 1조각, 황태 머리 1개, 마른 고추 2개, 마늘 5쪽, 양파 1/4개 대파 1/2대

찜 양념장 재료_ 고춧가루 4큰술, 청주·다진 마늘·국간장 2큰술씩, 소금·후춧가루 1/2작은술씩

만 드 는 법

1 황태는 머리를 자른 후 물에 30분 정도 담가 부드럽게 불렸다가 비늘과 굵은 가시, 지느러미를 손질한 다음 큼직하게 토막 낸다.
2 냄비에 자른 황태 머리를 깨끗이 씻어 담고 분량의 물과 육수 재료를 담아 40~50분 정도 팔팔 끓인다.
3 ②의 국물은 면포에 밭쳐 황태 육수를 만든다.
4 미더덕은 흐르는 물에 씻고 콩나물은 머리와 꼬리를 떼고 씻어 놓는다.
5 대파는 씻어 어슷하게 썰고 미나리는 6cm 길이로 썬다.
6 볼에 분량의 재료를 넣고 고루 섞어 찜 양념장을 만든다.
7 넓은 냄비에 황태 육수를 붓고 콩나물을 3분 정도 익힌 다음 건져 놓는다.
8 ⑦의 육수에 ⑥의 양념장을 푼 후 손질한 황태와 미더덕을 넣고 한소끔 끓인 다음 들깨가루와 대파를 넣고 소금, 후춧가루로 간을 맞춘다.
9 ⑧에 물녹말로 농도를 맞춘 후 쪄 놓은 콩나물과 미나리를 넣고 살며시 버무린 다음 참기름을 넣어 버무린다.

아내가 꼭 알아야 할 식재료 건·강·상·식

황태는 지방이 적고 아미노산이 많아 해장국으로 으뜸이다. 외식으로 즐기는 아귀찜 대신 담백하고 맛이 깔끔한 황태에 미더덕을 넣어 콩나물찜을 만들면 남편을 위한 별미로 그만이다.

Cooking for
Your Man

* 기름지고 느끼한 스파게티야, 물럿거라
한국식 해물스파게티

재 료

주재료_ 스파게티 300g, 물 15컵, 오징어 1마리, 김치 2줄기, 새우(중하) 8마리, 느타리버섯 100g, 양파·피망 1개씩, 마른 고추 2개, 바질 4잎, 다진 마늘 1큰술, 올리브기름·소금·후춧가루 약간씩

새우 육수 재료_ 물 2컵, 손질한 새우 머리와 껍데기 20g

소스 재료_ 새우 육수 1 1/2컵, 간장 4큰술, 청주 2큰술, 설탕·깨소금·참기름 1큰술씩

만 드 는 법

1 깊은 냄비에 물을 넉넉하게 붓고 팔팔 끓으면 올리브기름과 소금을 약간 넣고 스파게티를 10분 정도 삶은 다음 물에 헹구지 않고 건져 놓는다.
2 오징어는 껍질을 벗겨 손질한 후 링으로 썰고 김치는 줄기로만 채 썰고 새우는 머리를 떼고 꼬리만 남기고 껍데기를 벗겨 버리지 말고 모아둔다.
3 냄비에 분량의 재료를 넣고 팔팔 끓으면 면포에 밭쳐 새우 육수를 만든다.
4 버섯은 작은 것은 통째 쓰고 큰 것은 손으로 찢고 양파와 피망은 채 썬다.
5 고추는 어슷하게 썰어 씨를 제거하고 바질잎은 채 썰거나 뜯는다.
6 뜨겁게 달군 오목한 팬에 올리브기름을 두르고 고추와 다진 마늘, 양파를 볶아 향을 낸 후 준비한 채소와 버섯을 볶다가 해물을 넣고 재빨리 볶는다.
7 ⑥에 분량의 소스 재료를 한데 넣어 끓인 다음 스파게티 면을 넣어 버무린 후 소금, 후춧가루로 간을 맞춘 후 뜨거울 때 접시에 담아 바질잎으로 장식한다.

아내가 꼭 알아야 할 식재료 건·강·상·식

파스타는 일반적으로 토마토소스나 크림소스에 조개나 해물을 넣어 만든다. 서양소스가 아닌 해물과 김치, 간장소스로 만든 한국식 해물스파게티는 느끼하지 않고 우리 입맛에도 잘 맞는 새로운 웰빙스파게티이다.

Cooking for Your Man

* 재료 본연의 맛을 살린 해산물과 건강 소스의 조화

매운 해산물냉채

재 료

주재료_ 새우(중하) 6마리, 참소라 2개,
갑오징어(중) 1마리, 숙주 200g,
홍피망 1/4개, 청피망 1/2개, 적양파 1/4개
고추기름 재료_ 포도씨기름 1/2컵,
대파(흰 부분) 1/2대, 마늘 1쪽,
생강 1톨, 고춧가루 1큰술
흑초매실청소스 재료_ 고추기름 · 간장
2큰술씩, 흑초 · 설탕 · 다진 양파 1큰술씩,
다진 마늘 1/2큰술, 매실청 1큰술,
화이트와인 2큰술, 소금 · 후춧가루 1/3작은술씩

만 드 는 법

1 새우는 머리를 떼고 한 김 오른 찜통에 찌거나 끓는 물에 데쳐 껍데기를 벗긴다.
2 참소라는 손질하여 끓는 물에 살짝 데친 다음 저민다.
3 갑오징어는 손질하여 껍질에 사선으로 칼집을 넣어 데친 후 먹기 좋게 썬다.
4 숙주는 머리와 꼬리를 뗀 후 끓는 물에 데쳐 얼음물에 헹궈 건져 놓는다.
5 피망과 적양파는 굵게 채 썰어 얼음물에 잠시 담갔다가 건진다.
6 팬에 포도씨기름을 넣고 뜨겁게 달군 후 채 썬 대파와 마늘, 생강을 넣고 튀긴 후 불을 끈다. 기름 온도가 따뜻할 정도로 떨어지면 고춧가루를 넣어 타지 않도록 우려낸 다음 고운체에 밭쳐 고추기름을 만든다.
7 ⑥의 고추기름에 분량의 재료를 넣어 흑초 매실청소스를 만든다.
8 볼에 차게 준비해 둔 새우, 참소라, 갑오징어와 모든 채소를 한데 담아 ⑦의 소스에 버무려 완성한다.

POINT *

해산물을 너무 푹 삶지 않아야 해산물 냉채의 맛을 제대로 볼 수 있어요.

아내가 꼭 알아야 할 식재료 건·강·상·식

오징어는 오행 중 수(水)에 해당하는 식품이며, 어패류가 양의 식품이므로 태양인이나 소양인이 섭취하면 더 좋다.

가을철 남편의 스태미나식으로 안성맞춤
패주수삼꼬치구이

재 료

주재료_ 수삼(중) 2뿌리, 패주 4개,
백일송이버섯 8개, 쪽파 4뿌리, 은행 8알,
올리브기름·소금·후춧가루·잣가루 약간씩
수삼꼬치 양념장 재료_ 청주 1큰술, 참기름
1작은술, 소금·후춧가루 1/3작은술씩
매실청잣소스 재료_ 잣·매실청 2큰술씩,
소금·흰 후춧가루 1/3작은술씩

만 드 는 법

1 수삼은 다듬어 흐르는 물에 깨끗이 씻은 후 납작하게 2~3장 정도로 포를 뜨듯 저민다.
2 패주는 깨끗이 손질한 후 포를 떠 잔 칼집을 넣는다.
3 버섯은 가닥을 나누어 다듬고 쪽파는 같은 길이로 썬다.
4 달군 프라이팬에 올리브기름을 조금 두르고 은행을 넣어 볶다가 소금을 뿌려 간을 맞춘 후 종이행주에 올린 다음 비벼서 껍질을 깐다.
5 대꼬챙이에 수삼, 패주, 버섯, 쪽파, 은행을 조로록 꿴다.
6 볼에 분량의 수삼꼬치 양념장 재료를 담아 고루 섞은 후 ⑤의 꼬치에 골고루 발라 재운 다음 후춧가루를 뿌린다.
7 달군 팬에 올리브기름을 두른 후 ⑥의 꼬치를 넣어 앞뒤로 노릇노릇하게 굽는다.
8 믹서에 고깔을 뗀 잣을 곱게 간 후 분량의 매실청, 소금, 흰 후춧가루를 넣고 고루 섞어 매실청잣소스를 만든다.
9 ⑦의 패주 수삼꼬치구이에 매실청잣소스를 끼얹고 잣가루를 뿌린다.

아내가 꼭 알아야 할 식재료 건·강·상·식

패주는 가을부터 겨울철에 맛이 좋으며 조개 중에서도 단백질 함량이 많은 편으로 필수아미노산과 글리코겐이 풍부하다. 백일송이버섯은 다른 버섯에 비해 재배 기간이 훨씬 길어 조직이 쫄깃하며 보관성이 좋다. 또한 식이섬유소가 풍부해 장을 튼튼하게 해주므로 건강식품인 수삼과 함께 꼬치구이로 남편의 기운을 북돋워주자.

Cooking for Your Man

✱ 건강 간편 아침상
남편의 빈속을 따뜻하고 부드러운 죽이 위로한다

참마달걀죽

재료
주재료_ 참마 1개(200g), 미나리 5줄기,
달걀흰자 2개 분량, 마늘 3쪽,
다시마가다랑어 국물 5컵, 밥 1 1/2공기,
참기름 · 올리브기름 · 검은깨 약간씩
다시마가다랑어 국물 재료_ 물 6컵,
다시마(10cm 길이) 1조각, 가다랑어포 1/2컵

만 드 는 법
1 냄비에 물과 다시마를 넣고 팔팔 끓으면 불을 끈 후 가다랑어포를 넣어 15분 정도 우린 다음 체에 밭쳐 국물만 거른다.
2 참마는 껍질을 벗겨 깨끗이 씻은 다음 강판에 갈아 놓는다.
3 미나리는 깨끗이 다듬어 씻은 후 소금물에 잠시 담갔다 다시 한 번 씻어 송송 썬다.
4 달걀흰자를 고루 풀어 놓는다.
5 마늘은 얇게 저미고 우묵한 프라이팬에 올리브기름을 넉넉하게 두른 후 뜨겁게 달군 다음 저민 마늘을 튀겨 마늘 플레이크를 만든다.
6 냄비에 ①의 국물을 부은 후 팔팔 끓으면 밥을 넣고 국물이 잦아들 때까지 충분히 끓인다.
7 ⑥에 간 참마를 넣고 약한 불로 줄여 뭉근하게 끓인다.
8 ⑦에 푼 달걀흰자를 넣고 익힌 후 참기름과 미나리를 넣어 완성한다.
9 참마 달걀죽을 그릇에 담은 다음 마늘 플레이크와 검은깨를 뿌린다.

아내가 꼭 알아야 할 식재료 건 · 강 · 상 · 식
마는 예부터 남성의 강장식품으로 알려져 있으며 당질이 많고 필수아미노산과 각종 효소들이 많아 소화 작용을 돕는다. 미리 전날 준비해 둔 육수에 밥을 넣고 끓이다가 간 마를 넣어 출근 준비로 바쁜 남편을 위한 아침식사로 준비하면 좋다.

Cooking for Your Man

✱ 건강 간편 아침상
생활습관성 질병 예방에 좋은 손쉬운 간편식

통단호박수프와 건강 빵에 곁들이는 마늘잼

재료

주재료_ 통단호박(소) 4개, 단호박 1/2개, 양파 1/2개, 대파 1/3대, 물 3컵, 우유 1/2컵, 건강 빵 4쪽, 소금·흰 후춧가루·올리브기름 약간씩

마늘잼 재료_ 마늘(간 것) 1컵, 설탕 1/2컵, 레몬즙 1큰술

만드는 법

1. 통단호박은 작은 것으로 준비하여 윗부분을 도려내고 씨를 파낸 후 180℃로 예열한 오븐에 통째 넣어 20~30분 정도 굽는다(오븐이 없을 경우 찜통에 쪄도 된다).
2. 단호박은 씨를 제거한 후 껍질을 벗겨 납작하게 썬다.
3. 양파는 채 썰고 대파는 송송 썬다.
4. 달군 소스 팬에 올리브기름을 두르고 양파와 대파를 넣어 볶다가 ②의 단호박을 넣고 다시 볶은 후 물을 붓고 팍팍 끓인 다음 적당히 식힌 후 믹서에 곱게 간다.
5. ④의 재료를 냄비에 붓고 우유를 넣어 한 번 더 뭉근하게 끓인 후 소금과 흰 후춧가루로 간한다.
6. 구운 통단호박에 ⑤의 수프를 담는다.
7. 냄비에 마늘과 설탕을 넣고 뭉근한 불에 서서히 졸이다가 숟가락으로 떴을 때 주르륵 흐르지 않으면 레몬즙을 넣어 한 번 더 끓여 마늘잼을 만든다.
8. 살짝 구운 건강 빵에 마늘잼을 곁들이고 통단호박수프를 함께 낸다.

아내가 꼭 알아야 할 식재료 건·강·상·식

마늘은 동맥경화 방지, 노화 예방, 모발 촉진, 강장 작용, 혈액 순환 개선, 고혈압 예방, 항암 작용 등의 효능이 있어 40대 이후의 남성들이 많이 먹어야 할 식품이다. 익숙한 딸기잼이나 포도잼보다 건강을 고려한 마늘잼으로 색다른 맛을 즐겨보자.

*가을에 맛보는 이탈리아의 향취
보리리조토와 채소피클

재 료
주재료_ 보리쌀 2컵, 닭가슴살 200g, 방울토마토 8개, 브로콜리 50g, 양송이버섯 4개, 생표고버섯 3장, 양파 1/2개, 마늘 2쪽, 새우 육수 2컵, 우유 1/2컵, 파르메산 치즈가루 1큰술, 새싹채소·올리브기름·소금·후춧가루 약간씩

새우 육수 재료_ 새우(중하) 8마리, 물 2 1/2컵, 양파 1/2개, 셀러리 2줄기

채소 피클 재료_ 적양파 1개, 무 150g, 양배추 80g, 물 2컵, 설탕 1/4컵, 식초 1/2컵, 소금 2큰술, 피클용 향신료 1작은술

만 드 는 법
1 보슬보슬한 보리밥을 짓고 새우는 머리를 떼고 꼬리만 남긴 채 껍데기를 벗긴 다음 이쑤시개로 등 쪽의 내장을 빼낸다.
2 냄비에 분량의 재료를 넣고 팔팔 끓인 후 면포에 밭쳐 새우 육수를 만든 다음 새우는 따로 건져 놓는다.
3 닭가슴살은 잘게 썰고 방울토마토는 길이로 반을 가른다. 브로콜리는 한 입 크기로 썰어 끓는 소금물에 살짝 데친다.
4 버섯은 납작하게 썰고 양파와 마늘은 다진다.
5 달군 팬에 올리브기름을 두른 후 양파, 마늘을 넣어 향을 내 볶다가 버섯, 새우, 닭가슴살을 넣고 다시 한 번 볶은 후 보리밥을 넣고 볶는다.
6 ⑤의 보리밥에 새우 육수를 부어가며 보리가 충분히 부드럽게 될 때까지 계속 볶다가 우유를 넣고 후춧가루로 간한다.
7 ⑥의 리조토를 그릇에 담은 후 브로콜리와 방울토마토를 올리고 파르메산 치즈가루를 뿌린 다음 새싹채소를 얹어낸다.
8 채소 피클에 들어가는 모든 채소는 큼직하게 썰어 깨끗이 소독한 피클 용기에 담고 분량의 피클 소스를 팔팔 끓여 뜨거울 때 붓는다. 하루 정도 지난 후 국물을 따라내고 다시 끓여 식혀서 붓는다.

아내가 꼭 알아야 할 식재료 건·강·상·식
보리밥은 비타민 B_1이 당질대사에 도움을 줘 특히 당뇨병 환자에게 좋은 식품이며 아삭아삭한 피클과 잘 어울린다.

Cooking for Your Man

※ 변비로 고생하는 남편에게

새우토란들깨탕

재 료

주재료_ 토란 4개, 배춧잎 2장, 양파 1/4개, 당근 1/5개, 미나리 50g, 대파 1/2대, 목이버섯 3g, 들깨 1/2컵, 새우(중하) 4마리, 은행 12알, 해물 육수 3컵, 조랭이떡 1/2컵, 다진 마늘 1큰술, 국간장 2큰술, 소금·후춧가루 약간씩

해물 육수 재료_ 물 4컵, 멸치 10g, 다시마(10cm 길이) 1조각, 북어 머리 1개, 무 50g, 대파 1/3대, 마늘 2쪽

만 드 는 법

1 냄비에 분량의 재료를 넣고 30~40분 정도 팔팔 끓인 후 체에 밭쳐 해물 육수를 만든다.
2 토란은 껍질을 벗겨 쌀뜨물에 데친 다음 큰 것은 2등분한다.
3 배춧잎은 어슷하게 썰고 양파, 당근, 미나리, 대파는 먹기 좋게 썬다.
4 버섯은 물에 담가 30분 정도 불린 후 깨끗하게 씻어 손으로 찢어 놓는다.
5 들깨는 물에 담가 불렸다가 믹서에 곱게 간다.
6 새우는 머리를 떼고 등 쪽의 내장을 제거한 후 흐르는 물에 씻어 놓고 은행은 달군 팬에 기름을 두르지 않고 볶은 다음 종이행주에 올려 껍질을 벗긴다.
7 전골냄비에 해물 육수를 붓고 ⑤의 들깨를 넣고 한소끔 끓인 후 토란, 배춧잎, 양파, 당근, 새우, 조랭이떡을 넣고 바글바글 끓인다.
8 ⑦에 다진 마늘을 넣고 국간장과 소금, 후춧가루로 간을 맞춘 후 버섯, 은행, 대파, 미나리를 넣어 완성한다.

아내가 꼭 알아야 할 식재료 건·강·상·식

토란은 위와 장의 운동을 원활하게 해주어 변비 해소에 도움을 준다. 다시마는 알긴이라는 당질이 많고 요오드의 함량이 높은데 이 두 가지 성분이 토란 속에 함유된 수산석회의 체내 흡수를 억제한다. 다시마의 감칠맛이 토란을 부드럽게 하기 때문에 예부터 토란탕에는 다시마를 넣어 음식궁합을 맞췄다.

칼로리 낮은 일품요리의 대표
유자닭봉연근구이와 실부추겉절이

재 료

주재료_ 닭봉 12개, 연근 1/3개, 실부추 1단, 양파 1/4개, 올리브기름 · 통깨 약간씩

닭봉 양념장 재료_ 청주 · 양파즙 · 생강즙 1큰술씩, 소금 · 후춧가루 1/3작은술씩

닭봉구이소스 재료_ 올리브기름 2큰술, 다진 마늘 1큰술, 다진 양파 3큰술, 고춧가루 1큰술, 간장 3큰술, 유자청 · 청주 · 설탕 1큰술씩, 물 1/2컵, 소금 · 후춧가루 1/3작은술씩

실부추겉절이 양념장 재료_ 진간장 · 고춧가루 · 까나리액젓 1작은술씩, 식초 1큰술, 참기름 · 설탕 1작은술씩

만 드 는 법

1 닭봉은 끝부분에 칼집을 넣고 살을 돌려가며 발라 아래로 훑어 뒤집은 다음 둥글게 모양을 만든다.
2 볼에 분량의 닭봉 양념장 재료를 한데 담아 고루 섞은 후 ①의 닭봉을 넣어 20분 정도 재운다.
3 연근은 껍질을 벗긴 다음 모양을 살려 둥글납작하게 썬 후 연한 식촛물에 담가 전분기를 뺀다.
4 달군 팬에 올리브기름을 두른 후 ②의 닭봉을 넣고 앞뒤로 노릇노릇하게 굽는다. 연근도 함께 굽는다(미니 오븐에 구워도 된다).
5 우묵한 소스 팬에 올리브기름을 두른 후 달궈지면 다진 마늘과 양파를 볶다가 약한 불로 줄여 고춧가루를 넣어 타지 않도록 볶은 다음 나머지 소스 재료를 모두 넣고 바글바글 끓인 후 소금, 후춧가루로 간하여 닭봉구이소스를 만든다.
6 ④의 구운 닭봉을 ⑤의 소스 팬에 넣고 뭉근하게 졸인다.
7 실부추는 다듬은 후 흐르는 물에 씻어 5cm 길이로 먹기 좋게 자르고 고추는 동글게 썰어 씨를 뺀다. 양파는 채 썰어 얼음물에 담가 매운맛을 뺀 후 물기를 제거한다.
8 볼에 분량의 양념장 재료를 한데 담아 고루 섞어 실부추겉절이 양념장을 만든다.
9 ⑧의 실부추겉절이 양념장에 실부추와 고추, 양파를 넣어 살살 버무린 다음 접시에 보기 좋게 담아 통깨를 뿌린다.

아내가 꼭 알아야 할 식재료 건 · 강 · 상 · 식

닭고기는 소화 흡수가 잘되는 다이어트 식품으로 육류 중 포화지방산과 콜레스테롤이 적다.

Cooking for Your Man

* 블랙푸드로 만든 담백한 잡채가 뜬다

콩나물흑미잡채

재 료

주재료_ 흑미 당면 150g, 콩나물 100g,
표고버섯 3장, 오징어 1/2마리, 양파 1/2개,
청피망 1/2개, 홍피망 1/4개, 실파 3뿌리,
올리브기름·소금·참기름·검은깨 약간씩

당면 양념 재료_ 간장·흑설탕 1큰술씩,
참기름 1작은술

버섯 양념장 재료_ 간장 1큰술, 다진 마늘
1작은술, 다진 대파 1큰술, 깨소금·참기름
1/2작은술씩

만 드 는 법

1 흑미 당면은 찬물에 30정도 담가 불린 후 끓는 물에 데쳐 찬물에 헹군 다음 물기를 제거한 후 먹기
  좋은 길이로 자른다.
2 볼에 ①의 당면을 담아 분량의 당면 양념 재료를 넣고 버무려 밑양념한다.
3 콩나물은 꼬리를 떼고 냄비에 물을 약간 붓고 2분 정도 데친 다음 소금과 참기름으로 무친다.
4 버섯은 물에 담가 부드럽게 불린 후 깨끗이 씻어 채 썬 다음 분량의 버섯 양념장으로 무친다.
5 오징어는 껍질을 벗겨 칼집을 넣고 결을 꺾어 얇게 저민 후 데친다.
6 양파, 피망은 채 썰고 실파는 5cm 길이로 썬다.
7 달군 팬에 올리브기름을 두르고 양파와 피망을 넣고 볶다가 소금으로 간한다.
8 달군 팬에 올리브기름을 두르고 ④의 양념한 버섯을 볶는다.
9 달군 팬에 올리브기름을 두르고 ②의 밑양념한 당면을 볶은 다음 오징어, 볶은 양파와 피망, 버섯,
  콩나물, 실파를 한데 넣어 불을 끄고 참기름과 검은깨를 넣어 버무린다.

아내가 꼭 알아야 할 식재료 건·강·상·식

대표적인 블랙푸드는 검은쌀, 검은깨, 검은콩이다. 블랙푸드는 심장 질환과 뇌졸중의 위험을 줄이고
특히 신장의 기능을 좋게 하므로 신장 질환이 있는 사람에게 좋으며 노화를 방지한다. 블랙푸드의
하나인 검은쌀로 만든 당면으로 고기 대신 오징어를 넣어 잡채를 만들어보자.

Cooking for Your Man

✱ 와병 후 건강을 회복해야 할 남편에게

송이버섯구이와 송이버섯밤밥

  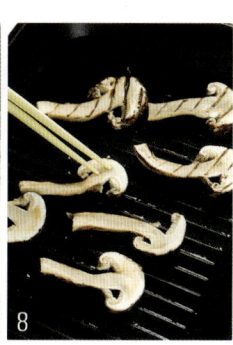

재 료 (송이버섯구이)
주재료_ 자연산 송이버섯 4개, 은행 12알, 햇밤 8톨, 올리브기름 · 소금 약간씩
기름장 재료_ 참기름 2큰술, 소금 1작은술

재 료 (송이버섯밤밥)
주재료_ 자연산 송이버섯 4개, 불린 쌀 2컵, 햇밤 8톨, 밥물 2컵, 솔잎 1개
다시마국물 재료_ 다시마(10cm 길이) 1조각, 물 1컵
양념장 재료_ 다시마 국물 4큰술, 간장 4큰술, 잘게 썬 청 · 홍고추 · 송송 썬 실파 · 통깨 · 참기름 1작은술씩

만 드 는 법
1 송이버섯구이를 하기 위해 버섯은 가볍게 씻어 2~3mm 두께로 얇게 저민다.
2 은행은 올리브기름에 소금을 약간 뿌려 볶아 껍질을 벗긴 다음 솔잎에 끼운다.
3 햇밤은 껍질을 벗겨 그릴이나 석쇠에 굽는다.
4 볼에 분량의 재료를 넣어 고루 섞어 기름장을 만든다.
5 송이버섯밤밥을 짓기 위해 송이는 얇게 저미고 솔잎은 가닥가닥 떼어 씻는다.
6 냄비에 불린 쌀과 햇밤을 넣고 밥물을 부어 고슬고슬하게 밥을 짓고 분량의 재료를 고루 섞어 양념장을 만든다.
7 뜸을 들일 때 저민 송이와 솔잎을 넣고 살짝 더 뜸들인다.
8 ①의 송이는 그릴이나 석쇠에 구워 ②의 은행, ③의 햇밤과 함께 기름장을 곁들여 내고 송이버섯밤밥도 양념장을 곁들여 낸다.

아내가 꼭 알아야 할 식재료 건 · 강 · 상 · 식

송이버섯은 동양에서만 나는, 자연의 정기를 받고 자란 버섯 중의 으뜸으로, 그 향긋한 맛이 일품이다. 또한 혈액 중 콜레스테롤을 저하시키는 작용과 항암 효과가 있는 것으로 알려져 있다. 값이 비싸므로 앓고 난 후 같은 특별한 경우 제철인 가을에 사랑하는 남편을 위해 준비해 보자.

Cooking for Your Man

✱ 중년 남성의 콜레스테롤 관리를 위해
두부견과류조림

재 료

주재료_ 두부 1모, 찹쌀가루 1/4컵,
생땅콩 1/2컵, 호두 4알, 샐러드용 채소(메밀싹,
치커리 등)·올리브기름·참기름·잣가루 약간씩
다시마국물 재료_ 다시마(10cm 길이) 1조각,
물 1컵
조림장 재료_ 간장 3큰술, 고추장 1큰술,
고춧가루 1작은술, 청주 2큰술, 설탕 1작은술,
조청 1큰술, 다시마 국물 1/2컵

만 드 는 법

1 냄비에 분량의 재료를 넣고 끓여 다시마국물을 만든다. 다시마는 건져 너비 1cm, 길이 10cm로 잘라 매듭을 짓는다.
2 두부는 2cm 크기 정방형의 한 입 크기로 썬 후 종이행주에 올려 표면의 물기를 제거한 후 찹쌀가루를 고루 묻힌다.
3 달군 팬에 올리브기름을 두르고 ②의 두부를 넣어 노릇노릇하게 굽는다.
4 냄비에 분량의 조림장 재료를 한데 넣고 바글바글 끓인 후 중간 불로 줄여 생땅콩과 호두를 넣고 다시 졸인다.
5 ④에 ①의 다시마 매듭과 ②의 구운 두부를 넣어 한 번 더 졸인 후 참기름을 둘러 고루 버무린다.
6 그릇에 깨끗하게 씻어 물기를 뺀 샐러드용 채소를 깐 후 ⑤의 두부견과류조림을 보기 좋게 담고 잣가루를 뿌린다.

POINT✱

콩조림을 싫어하는 아이를 위해 생땅콩조림을 해보세요. 아이가 먹기 쉽도록 간을 슴슴하게 하면 과자처럼 먹여도 좋아요.

아내가 꼭 알아야 할 식재료 건·강·상·식

견과류의 지방은 불포화지방산이 많고 콜레스테롤을 떨어뜨리는 필수지방산이 풍부해 콜레스테롤의 혈관 부착을 예방해준다. 견과류에 부족한 영양분을 고루 함유한 두부와 함께 음식을 만들면 더욱 좋다.

Cooking for Your Man

✱ 40대 이후 남성들에게 마요네즈드레싱 대안으로

쇠고기유자청구이와 무샐러드

재료

주재료_ 쇠고기(등심 또는 채끝살) 300g,
무·오이·당근 100g씩, 잣가루 1작은술

고기 양념장 재료_ 간장·배즙 2큰술씩,
유자청 1큰술, 설탕 1작은술,
다진 마늘 1/2큰술, 다진 파·청주 1큰술씩,
후춧가루·깨소금·참기름 1작은술씩

다시마국물 재료_ 다시마(10cm 길이) 1조각,
물 1컵

무샐러드드레싱 재료_ 간장·식초 1큰술씩,
다시마 국물 3큰술, 올리브기름·참기름
1작은술씩

만드는 법

1 쇠고기는 0.2~0.3cm 두께로 얇게 저며 한 입 크기로 썬 다음 잔칼집을 넣는다.
2 볼에 분량의 재료를 넣고 고루 섞어 고기 양념장을 만든 후 ①의 고기를 고기 양념장에 20분 정도 재워 놓는다.
3 ②의 잰 고기를 달군 석쇠나 프라이팬에서 노릇하게 굽는다.
4 무, 오이, 당근은 필러로 길고 얇게 썰어 얼음물에 담갔다 건진다.
5 볼에 분량의 재료를 넣어 무샐러드 드레싱을 만든 후 ④에 버무려 무샐러드를 만든다.
6 접시에 쇠고기유자청구이를 담고 보기 좋게 잣가루를 뿌린 다음 무샐러드를 곁들여 낸다.

POINT✱

간장이나 식초를 이용해 드레싱을 만들 때는 올리브기름과 다른 재료가 어우러지도록 잘 섞어주는 게 중요해요.

아내가 꼭 알아야 할 식재료 건·강·상·식

40대 이후 남성들을 위해 곁들이는 드레싱은 마요네즈와 같은 기름이 많이 들어간 것보다는 지방 함량이 적은 간장 드레싱, 요구르트 드레싱 등 상큼한 재료의 드레싱을 권한다.

겨울

찬음식보다는 뜨거운 국물을 준비하고 추위를 견디기 위한 제철 재료를 이용하여 스태미나 식으로 준비한다. 굴은 12월부터 이듬해 2월까지가 제철이라 맛이 가장 좋으며 소화 흡수가 잘되고 비타민, 무기질이 많아 건강식으로도 좋다. 또한 굴 속의 천연 타우린은 심장병 예방에도 효과가 있다. 양질의 단백질과 불포화지방산이 풍부한 꽁치를 굽거나 신김치와 함께 졸여 식탁에 올리고 국산 콩으로 만든 콩비지찌개나 고구마, 단호박, 밤도 겨울철 간식으로 권할 만한 식재료이다.

Cooking for Your Man

※ 쇠고기와 밤, 그리고 샐러드의 완벽한 조화

견과류떡갈비구이와 요구르트유자드레싱

재료

주재료_ 간 쇠고기(등심, 안심, 채끝, 갈비살 등) 240g, 밤 2톨, 대추 3알, 잣 1큰술, 올리브기름 · 샐러드용 채소(새싹 채소, 치커리, 래디치오 등) 약간씩

고기 양념장 재료_ 간장 1큰술, 양파즙 · 청주 2큰술씩, 설탕 1작은술, 다진 파 2큰술, 다진 마늘 1큰술, 녹말 2큰술, 깨소금 · 후춧가루 · 참기름 1작은술씩

요구르트유자드레싱 재료_ 플레인 요구르트 1개, 유자청 2큰술, 소금 · 후춧가루 1/3작은술씩

만드는 법

1 볼에 간 쇠고기를 담고 분량의 고기 양념장 재료를 한데 넣어 고루 섞은 후 부드럽게 잘 치댄다.
2 밤은 삶아 잘게 다지고 대추는 씨를 발라 잘게 다지고 잣을 고깔을 떼고 닦아 놓는다.
3 ①의 고깃 덩어리를 8등분하여 고기 속에 ②의 다진 견과류를 넣고 손으로 둥글게 굴린 후 동글 납작하게 빚어 떡갈비를 만든다.
4 달군 팬에 올리브기름을 두른 후 ③의 떡갈비를 넣어 앞뒤로 색깔이 나도록 구운 후 약한 불로 줄인 다음 뚜껑을 덮고 뭉근하게 익힌다.
5 샐러드 재료는 먹기 좋게 손으로 뜯어 얼음물에 잠시 담갔다가 건져 물기를 빼놓는다.
6 볼에 분량의 재료를 고루 섞어 요구르트유자드레싱을 만든다.
7 접시에 떡갈비구이와 샐러드를 보기 좋게 담고 ⑥의 요구르트유자드레싱을 끼얹어 낸다.

POINT ※

고기를 양념할 때는 양파즙이나 배즙, 술 등을 넣어 밑양념을 하고 잘 치댄 후 촉촉하게 만들어야 육질이 부드럽고 떡갈비 모양을 만들 때 갈라지지 않아요.

아내가 꼭 알아야 할 식재료 건 · 강 · 상 · 식

쇠고기는 음의 식품이고 밤, 대추, 잣, 은행 등도 음의 식품이라 음식 궁합이 잘 맞는다. 여기에 고기와 견과류에 부족한 비타민이 충분히 들어 있는 샐러드를 곁들이면 그야말로 금상첨화. 유산균이 많아 장을 튼튼히 해주는 요구르트유자드레싱으로 남편의 건강을 지키자.

Cooking for Your Man

✱ 묵은 밀가루는 건강의 적
쌀국수해물탕

재 료

주재료_ 쌀국수 400g, 갑오징어 1마리, 청경채 2포기, 대파 1/2대, 양파 1/2개, 홍고추 1개, 목이버섯 4개, 올리브기름·소금·후춧가루 약간씩

육수 재료_ 모시조개 8개, 새우(중하) 8마리, 물 10컵

양념장 재료_ 고춧가루·국간장 2큰술씩, 다진 마늘 1큰술, 청주 2큰술

만 드 는 법

1 쌀국수는 찬물에 30분 정도 담갔다가 팔팔 끓는 물에 1분 정도 삶아 건져 놓고 육수 재료에 들어가는 모시조개는 소금물에 담가 해감을 토하게 한 후 깨끗이 비벼 씻어 놓는다.
2 새우는 대가리를 떼고 꼬리만 남긴 채 껍데기를 벗기고 등 쪽의 내장을 제거한다.
3 냄비에 분량의 육수 재료를 넣고 10분 정도 팔팔 끓인 다음 모시조개가 입을 벌리면 조개와 새우는 건지고 국물만 면포에 밭쳐 육수를 받아 둔다.
4 갑오징어는 껍질을 벗기고 손질한 후 안쪽 면에 잔칼집을 넣은 다음 먹기 좋은 크기로 썰어 놓는다.
5 청경채는 길이로 등분하여 먹기 좋게 썰고 대파는 길이로 굵게 썬다. 양파는 채 썰고 홍고추는 어슷하게 썬다. 버섯은 물에 30분 정도 불린 후 깨끗하게 씻어 손으로 찢어 놓는다.
6 볼에 분량의 재료를 고루 섞어 양념장을 만든다.
7 냄비에 올리브기름을 두르고 기름이 달궈지면 불을 끈 후 ⑥의 양념을 넣어 고춧가루가 타지 않도록 재빨리 볶는다.
8 ⑦에 ③의 해물 육수 8컵을 붓고 팔팔 끓여 건진 조개와 새우 등 해물과 채소를 넣고 한 번 더 끓인 후 소금, 후춧가루로 간을 맞춰 쌀국수를 담아낸다.

아내가 꼭 알아야 할 식재료 건·강·상·식

〈동의보감〉에 의하면 묵은 밀가루는 열과 독, 풍을 유발하므로 몸에 이롭지 않다고 한다.

Cooking for Your Man

✱ 지방이 적은 돼지고기 구이를 원한다면

항정살녹차소금구이와 메밀싹겉절이

재 료

주재료_ 돼지고기(항정살) 300g,
청양고추·홍고추 1개씩, 미나리·메밀싹
100g씩, 올리브기름 ·소금 약간씩

돼지고기 밑간 재료_ 양파즙·청주 1큰술씩

녹차소금 재료_ 소금 1큰술, 말차 1작은술

메밀싹겉절이 양념 재료_ 고춧가루 1/2작은술,
통깨 1작은술, 다진 파 1작은술,
다진 마늘·소금 1/3작은술씩

멸치다시마 국물 재료_ 국물 멸치 10g,
다시마(10cm 길이) 1조각, 물 1컵

매실청소스 재료_ 멸치다시마 국물 4큰술,
고운 고춧가루 1작은술, 매실청·흑초(또는
식초) 1큰술씩, 간장·배즙 2큰술씩

만 드 는 법

1 항정살은 분량의 돼지고기 밑간 재료에 20분 정도 재우고 분량의 재료를 섞어 녹차소금을 만든다.
2 ①의 항정살에 녹차소금을 뿌려 밑간하고 달군 팬에 올리브기름을 두른 후 고기를 올려 노릇하게 굽는다.
3 ②의 구운 고기를 2~3mm 두께로 고깃결 반대 방향으로 저민다.
4 고추는 둥글납작하게 얇게 썰고 물에 헹궈 씨를 뺀다.
5 미나리는 6cm 길이로 썰어 끓는 물에 소금을 넣고 파릇하게 데친 후 찬물에 담갔다 건져 놓는다.
6 메밀싹은 얼음물에 담갔다가 건져 물기를 제거한 후 분량의 재료를 한데 섞은 메밀싹겉절이 양념에 조심스레 버무리고 분량의 재료를 고루 섞어 매실청소스를 만든다.
7 약간 오목한 그릇에 미나리를 담고 그 위에 ③의 구운 항정살을 얹은 다음 고추를 놓는다. 여기에 ⑥의 매실청소스를 끼얹고 메밀싹겉절이를 곁들여 낸다.

POINT ✱

녹차소금을 만들 때 죽염을 사용하면 훨씬 풍미 있는 녹차소금을 만들 수 있어요.

아내가 꼭 알아야 할 식재료 건·강·상·식

우리나라 사람들이 즐겨먹는 삼겹살구이보다는 항정살에 녹차소금을 뿌려 구워 매실청소스와 곁들이면 새로운 맛을 즐길 수 있다. 메밀싹겉절이와도 잘 어울린다.

Cooking for Your Man

✳ 겨울철 면역력을 높여주는
굴튀김깐풍부추

재료

주재료_ 굴 200g, 호부추(중국 부추) 100g, 라임(또는 레몬) 1/4개, 튀김기름·참기름 약간씩

튀김옷 재료_ 달걀 1개, 녹말가루·밀가루 4큰술씩, 물 1큰술

깐풍소스 재료_ 마른 고추 2개, 마늘 2쪽, 양파 1/6개, 대파 1/3대, 참기름 1작은술, 청주·간장·식초 2큰술씩, 설탕 1작은술

만드는법

1 굴은 굵은 것으로 준비하여 껍데기를 떼고 소금물에 살살 흔들어 씻어 해감을 한다.
2 냄비에 물을 붓고 팔팔 끓으면 굴을 넣어 재빨리 데친 후 종이행주에 올려 물기를 제거한다.
3 호부추는 다듬은 후 깨끗이 씻어 5cm 길이로 썬다.
4 깐풍소스에 들어가는 마른 고추는 어슷하게 썰어 씨를 털어내고 마늘, 양파, 대파는 다진다.
5 볼에 달걀을 푼 후 녹말가루와 밀가루를 한데 체에 내려 물과 함께 반죽하여 홀홀한 튀김옷을 만든다.
6 ②의 데친 굴에 밀가루를 묻힌 후 ⑤의 튀김옷을 입혀 170℃로 달군 기름에 넣어 튀긴다.
7 달군 소스 팬에 올리브기름을 두르고 ④의 손질한 재료를 넣고 볶다가 나머지 깐풍소스 재료를 한데 넣고 끓인 다음 부추를 넣어 살짝 볶는다.
8 ⑦의 소스에 튀긴 굴을 넣고 참기름을 끼얹어 한 번 더 가볍게 버무린 후 라임과 함께 그릇에 담아낸다.

POINT✳
굴을 튀기기 전 끓는 물에 한 번 데치면 물기 때문에 튀김기름이 튀는 걸 막을 수 있어요.

아내가 꼭 알아야 할 식재료 건·강·상·식
굴은 단백질 외에 철분과 칼슘이 많고 특히 아연이 많이 함유된 식품으로 신체의 면역력을 높여주고 소화 흡수도 잘된다.

말차

로열밀크티

Cooking for Your Man

✱ 겨울을 위한 따뜻한 차 두 가지
로열밀크티와 말차

3 로열밀크티   5 로열밀크티   3 말차

준비물
찻잔, 차선, 찻숟가락

재 료 (로열밀크티)
주재료_ 홍차(우바 또는 아삼) 24g,
물 2큰술, 우유 800cc,
각설탕 4~8개(기호에 따라)

재 료 (말차)
주재료_ 말차 4g(1인분에 1g 정도), 물 4컵

만 드 는 법 (로열밀크티)
1 6g의 홍찻잎에 뜨거운 물을 2큰술 정도 부어 진하게 우린다.
2 손잡이가 있는 법랑 냄비에 우유 200cc(1인분)를 붓고 데운다.
3 ②의 우유를 끓기 직전까지 데운 다음 불을 끄고 ①의 우린 홍차를 붓는다.
4 ③을 나무 스푼으로 저은 후 뚜껑을 덮은 채 3분간 우린다.
5 대접할 큰 찻잔에 각설탕 1개(기호에 따라)를 넣고 스트레이너를 놓고 밀크티를 붓는다.

만 드 는 법 (말차)
1 물을 팔팔 끓인 다음 찻잔 가득 부어 5분 정도 잔을 덥힌 다음 물을 따라낸다.
2 데운 찻잔에 말차를 넣고 70℃로 식힌 물을 붓는다.
3 차선을 한 방향으로 재빨리 저어 운도를 일으킨다(위아래로 재빨리 저어 고운 잔거품을 고르게 내야 한다).

POINT ✱
홍차는 1인분에 3g 정도가 적당하지만 밀크티는 우유에 우려내는 것이기 때문에 2배인 6g 정도를 사용합니다.

아내가 꼭 알아야 할 식재료 건·강·상·식
말차는 비타민 C가 많아 숙취에 좋다. 또한 피부를 맑게 하고 노폐물을 제거한다. 홍차는 녹차보다 지방, 단백질, 분해 효소가 많아 육류 섭취가 많은 남성에게 좋다.

Cooking for
Your Man

소갈비보다 저렴하지만 맛은 두 배

매운 돼지갈비오렌지엿조림

재료

주재료_ 돼지갈비(립) 1kg, 오렌지 1개, 양송이버섯 4개, 소금·후춧가루·올리브기름 약간씩

갈비 양념장 재료_ 청주 4큰술, 소금·후춧가루 1/3 작은술씩

매운 오렌지엿소스 재료_ 마른 고추 1개, 다진 양파 4큰술, 다진 마늘 2큰술, 간장 4큰술, 조청·고운 고춧가루·흑설탕 2큰술씩, 레드와인 3큰술, 흑초 2큰술, 오렌지주스 1컵

만 드 는 법

1 돼지갈비는 뼈를 한 토막씩 토막 낸 다음 30분 정도 물에 담가 핏물을 뺀 후 갈비뼈 사이사이에 칼집을 넣는다.
2 오렌지는 껍질을 벗긴 후 과육만 큼직하게 썰고 버섯은 큰 것은 반 갈라 소금과 후춧가루를 뿌려 밑간한 후 달군 그릴이나 프라이팬에 굽는다.
3 매운 오렌지엿소스에 들어가는 마른 고추는 어슷하게 썰어 씨를 뺀다.
4 ①의 돼지갈비에 분량의 갈비 양념장 재료를 버무려 달군 그릴이나 팬에 굽는다.
5 오목한 팬에 올리브기름을 넣고 뜨거워지면 어슷하게 썬 마른 고추, 다진 양파와 마늘을 넣어 향을 내 볶다가 나머지 매운 오렌지엿소스 재료를 한데 넣고 바글바글 끓인다.
6 ⑤의 매운 오렌지엿소스에 오렌지 과육과 ④의 돼지갈비를 넣어 충분히 간이 배도록 뭉근한 불에 10분 동안 졸인다.
7 우묵한 그릇에 ⑥의 돼지갈비조림과 ②의 버섯구이를 곁들여 담아내고 오렌지나 라임 조각으로 장식한다.

아내가 꼭 알아야 할 식재료 건·강·상·식

돼지고기는 한방에서는 금기식품으로 알려져왔지만 돼지고기를 즐겨먹는 중국사람들 가운데 오히려 생활습관성 질병으로 고생하는 사람들이 적다. 돼지고기는 지질이 많아 겨울철 스태미나식으로 적합하며 필수지방산인 리놀산이 많아 뇌의 활동을 활발하게 해준다. 특히 다른 육류에 비해 비타민 B_1가 많아 흰쌀밥 섭취로 인한 당질대사를 원활히 해준다.

Cooking for Your Man

※ 눈 오는 날 남편의 술안주로 안성맞춤
김치버섯누름적

재 료
주재료_ 쇠고기(채끝살) 100g, 느타리버섯 8송이, 김치 1줄기, 실파 8뿌리, 밀가루 1/4컵, 달걀 1개, 올리브기름 약간, 꼬챙이 8개
쇠고기 양념장 재료_ 간장 1큰술, 다진 파 1작은술, 다진 마늘 1/2작은술, 깨소금 1큰술씩, 후춧가루 1/3작은술
버섯 밑양념 재료_ 다진 마늘 1/2작은술, 소금 1/3작은술
초간장 재료_ 간장 2큰술, 물 1큰술, 흑초 1/3작은술, 레몬 1쪽

만 드 는 법
1 쇠고기는 2mm 두께로 포를 뜬 후 너비 1.5cm, 7cm 길이로 썰어 듬성듬성 칼집을 넣는다.
2 볼에 분량의 재료를 고루 섞어 쇠고기 양념장을 만든 후 ①의 고기를 넣어 버무려 양념한다.
3 버섯은 끓는 물에 살짝 데쳐 씻은 후 굵은 것은 손으로 찢고 물기를 꼭 짠 다음 버섯 양념장으로 양념해 놓는다.
4 김치는 속을 털어내고 물기를 짠 후 줄기 부분으로 너비 1cm, 길이 6cm로 썰어 준비하고 실파도 6cm 길이로 썬다.
5 볼에 분량의 재료를 고루 섞어 초간장을 만든다.
6 꼬챙이에 쇠고기, 버섯, 김치, 실파를 순서대로 꿴 후 밀가루를 묻혀 털어낸 후 곱게 푼 달걀물을 입힌다.
7 달군 팬에 올리브기름을 두른 후 약한 불로 줄이고 ⑥의 꼬치를 넣어 앞뒤로 노릇노릇하게 지진다.
8 상에 낼 때에는 지진 누름적의 꼬챙이를 빼고 그릇에 담은 다음 초간장을 곁들여 낸다.

아내가 꼭 알아야 할 식재료 건 · 강 · 상 · 식
김치는 항산화 작용, 변비, 체지방 분해, 동맥경화 억제 외에 노화 방지, 다이어트 효과, 면역력 증가 등의 다양한 기능성 효과를 지닌 우수한 영양식품이다. 잘 익은 김치를 먹었을 때 느끼는 '발효감'에 푹 빠져보자. 값싼 인스턴트나 패스트푸드, 가공식품이 줄 수 없는 슬로우푸드만의 미각을 느낄 수 있다.

검은깨전병

단호박치즈구이

Cooking for Your Man

✱ 건강 간편 아침상
중년 남성이 자주 먹어야 할 첫 번째 음식

단호박치즈구이와 검은깨전병

4 단호박치즈구이   5 검은깨전병   8 검은깨전병

재 료 (단호박치즈구이)
주재료_ 단호박(소) 1개, 밤 2톨, 대추 4알, 잣 1작은술, 은행 8알, 말린 낫토 1큰술, 슬라이스 치즈 4장, 올리브기름 약간

재 료 (검은깨전병)
주재료_ 검은깨(볶은 것) 20g, 찹쌀가루 1컵, 물 1/3컵, 밤 2톨, 대추 2알, 소금·올리브기름·잣가루 약간씩

만 드 는 법

1 단호박은 작은 것으로 준비하여 4~6등분한 후 씨를 발라낸 다음 한 김 오른 찜통에 넣어 찌거나 전자레인지에 5분 동안 익힌다.
2 밤은 삶아 잘게 썰고 대추는 돌려 깎아 씨를 제거한 후 잘게 썬다.
3 달군 팬에 올리브기름을 조금 두르고 은행을 넣어 파릇하게 볶은 다음 종이행주에 올려 비벼서 껍질을 벗긴다.
4 찐 단호박에 대추와 잣 등 ②·③의 고명과 말린 낫토를 얹고 두 겹으로 치즈를 얹어 180℃로 예열한 오븐에 넣어 치즈가 녹을 정도로 살짝 굽는다(전자레인지에서는 30초 정도 익힌다).
5 검은깨를 블랜더에 곱게 간 후 찹쌀가루를 섞고 소금을 넣은 다음 뜨거운 물로 익반죽한다.
6 ⑤의 검은깨 반죽을 둥글납작하게 빚는다.
7 밤은 가늘게 채 썰고 대추는 손질한 다음 잘게 다진다.
8 달군 팬에 올리브기름을 두르고 ⑥의 반죽을 넣어 지진 후 밤 채와 대추 고명을 얹는다. 윗면의 밤, 대추 고명이 익으면 뒤집어 지진다.
9 접시에 검은깨전병을 담고 잣가루를 뿌려 장식한다.

아내가 꼭 알아야 할 식재료 건·강·상·식
단호박은 비타민 A·C·E가 풍부해 항산화 작용을 한다. 뿐만 아니라 노화를 지연시켜주고 식이섬유도 많아 장을 튼튼하게 해주며 비만과 각종 생활습관병, 암을 예방한다.

Cooking for
Your Man

✱ 건강 간편 아침상
숙면을 못 취하는 남편의 심신 안정을 위해

조랭이떡대추탕과 수삼연두부주스

1 조랭이떡대추탕   2 조랭이떡대추탕   6 수삼연두부주스

재 료

주재료_ 대추 1컵, 물 2컵, 조랭이떡 1/2컵,
수삼 20g, 바나나 1개(120g),
연두부 1/4모(75g), 얼음 1/2컵, 물 1컵,
꿀 · 소금 약간씩

만 드 는 법

1 대추는 깨끗이 씻어 껍질째 물을 붓고 압력솥에서 푹 끓인 다음 체에 밭쳐 씨를 제거한 후 대추 과육과 즙을 믹서에 곱게 갈아 놓는다.
2 냄비에 ①의 대추즙을 넣고 조랭이떡을 넣고 한소끔 끓인 후 꿀과 소금을 넣어 간을 맞춘다.
3 수삼은 손질하여 깨끗이 씻은 후 토막 낸다.
4 바나나는 껍질을 벗겨 잘게 썬다.
5 연두부는 전자레인지에 넣어 1분 정도 데운 다음 식힌다.
6 믹서에 수삼, 바나나, 연두부, 꿀, 얼음, 물을 한데 넣고 곱게 간다.
7 ②의 간을 맞춘 조랭이떡대추탕과 ⑥의 수삼연두부주스를 함께 낸다.

POINT ✱
대추는 한꺼번에 삶아 갈아 두었다가 쓰면 편리해요. 조랭이떡 대신 흰떡이나 인절미를 썰어 넣거나 삶은 밤과 단호박을 넣어도 좋아요.

아내가 꼭 알아야 할 식재료 건 · 강 · 상 · 식
대추는 비타민 C가 풍부하고 강장 효과가 있어 몸이 허약할 때 도움을 준다. 건조한 겨울철에 달여 차로 마시면 목을 촉촉하게 적셔주고 감기도 예방한다.

Cooking for
Your Man

* 돼지고기 없이 담백하게 끓이는 비지찌개

황태버섯비지찌개

재 료

주재료_ 불린 콩 2컵, 물 1컵, 배춧잎 3장, 생표고버섯 2장, 대파 1/2대, 홍고추 1개 다진 마늘 1작은술, 집간장 2큰술

황태 육수 재료_ 황태 1마리, 다시마(15cm 길이) 1조각, 멸치 10g, 마른 고추 2개, 대파 1/3대, 마늘 3쪽, 물 10컵

양념장 재료_ 집간장 3큰술, 물 1큰술, 청고추 1개, 홍고추 1/2개, 고춧가루 1작은술, 다진 파 1큰술, 다진 마늘 1/2작은술, 깨소금·참기름 1큰술씩

만 드 는 법

1 황태는 물에 불려 비늘을 긁고 손질한 후 한 입 크기로 토막을 낸다.
2 냄비에 분량의 황태 육수 재료를 넣고 40분 정도 팔팔 끓인 후 면포에 밭쳐 국물은 받아두고 황태는 건져 놓는다.
3 10시간 정도 충분히 불린 콩에 분량의 물을 넣고 믹서에 곱게 갈아 비지를 만든다.
4 배춧잎은 먹기 좋게 썰고 버섯은 납작하게 저미고 대파와 고추는 어슷하게 썬다.
5 냄비에 ②의 황태 육수를 부은 후 팔팔 끓으면 배추를 넣고 끓이다가 황태와 버섯, 대파, 고추, 다진 마늘을 넣고 끓인다.
6 ⑤에 콩비지를 넣고 끓인 후 집간장으로 간을 맞춘다.
7 청고추와 홍고추는 잘게 다진 후 볼에 분량의 재료를 한데 넣어 양념장을 만든다. 양념장은 상에 낼 때 비지찌개와 곁들여 낸다.

아내가 꼭 알아야 할 식재료 건·강·상·식

콩은 이소플라본 성분이 들어 있어 혈중 콜레스테롤 수치를 감소시키고 동맥경화 예방에 도움을 주어 혈관에 좋은 음식으로 꼽힌다. 또한 콩의 사포닌 성분은 갑상선에 좋은 요오드를 몸 밖으로 배출하는 작용을 한다. 따라서 콩 요리를 할 때 다시마를 함께 넣으면 몸 밖으로 배출되는 요오드를 보충해주므로 음식 궁합이 잘 맞는다.

흑초밤맛탕

단호박양갱

Cooking for Your Man

*남편을 위한 겨울철 건강 디저트 두 가지

단호박양갱과 흑초밤맛탕

4 단호박양갱　6 단호박양갱　2 흑초밤맛탕

재 료 (단호박양갱)
주재료_ 단호박(소) 1개, 한천 10g,
물 1컵, 황설탕 1/2컵, 유자청 1큰술,
밤·호두·잣·대추 약간씩

재 료 (흑초밤맛탕)
주재료_ 밤 16톨, 흑초 1/2컵,
현미식초 1/4컵, 황설탕 100g,
검은깨 약간

만 드 는 법 (단호박양갱)
1 단호박은 껍질과 씨를 제거한 후 토막 내 삶거나 찜기에 찐 다음 믹서에 곱게 간다.
2 한천은 미지근한 물에 담가 3~4시간 동안 불린다.
3 냄비에 불린 한천과 동량의 물을 붓고 한천이 녹을 때까지 뭉근하게 끓인다.
4 ③의 냄비에 황설탕과 유자청을 넣고 끓이다가 곱게 간 단호박을 넣고 걸쭉하게 졸인다.
5 밤은 삶아 잘게 썰고, 호두는 잘게 다지고 대추는 돌돌 말아 둥글게 썰어 놓는다.
6 양갱 틀이나 작은 컵에 밤, 호두, 잣, 대추를 넣고 ④의 재료를 부어 상온에서 굳힌다(빨리 굳히려면 냉장고에 넣어 굳힌다).

만 드 는 법 (흑초밤맛탕)
1 밤은 삶거나 구워 껍질을 벗겨 놓는다.
2 오목한 팬에 흑초, 현미식초, 황설탕을 넣고 설탕이 완전히 녹을 때까지 젓지 않고 끓인 후 약한 불로 줄여 끓인 다음 ①의 벗긴 밤을 넣어 뜨거울 때 재빨리 버무린다.
3 흑초 밤맛탕을 접시에 담고 고명으로 검은깨를 뿌린다.

아내가 꼭 알아야 할 식재료 건·강·상·식

밤은 양위건비(養胃健脾) 작용이 있어 위장 기능을 강화하는 효과가 있으며 비타민 C와 뼈를 튼튼히 해주는 무기질을 많이 함유하고 있다. 생밤으로 샐러드나 냉채를 만들어도 좋고 밥을 짓거나 삶아서 먹으면 겨울철 영양 간식으로 좋다.

Cooking for Your Man

✱ 샐러드에 크루통 대신 말린 청국장을

닭가슴살청국장샐러드와 홍시드레싱

재 료

주재료_ 닭가슴살 2쪽(200g), 래디치오 2장, 양상추 2장, 적양파 1/6개, 브로콜리·콜리플라워 50g씩, 말린 청국장 3큰술, 올리브기름·소금 약간씩

닭 밑간 재료_ 청주 2큰술, 소금·간 통후추 약간씩

홍시겨자드레싱 재료_ 홍시 1개, 강겨자 1/2큰술, 꿀(또는 설탕)·배즙 1큰술씩, 흑초 1큰술, 소금 1/3작은술, 후춧가루 약간

만 드 는 법

1 닭가슴살의 두꺼운 부분만 칼집을 넣어 얇게 손질해 편평하게 만든 후 분량의 재료를 뿌려 밑간하고 올리브기름을 바른다.
2 그릴에 ①의 닭고기를 얹어 앞뒤로 노릇노릇하게 구운 다음 먹기 좋은 크기로 썬다.
3 래디치오와 양상추는 먹기 좋게 손으로 뜯고 적양파는 채 썬 다음 얼음물에 담가 매운맛을 뺀 후 건져 놓는다.
4 브로콜리와 콜리플라워는 한 입 크기로 송이를 나눠 팔팔 끓는 물에 소금을 넣고 데친 후 차게 식힌다.
5 홍시는 껍질을 벗겨 과육만 준비하여 볼에 담은 후 분량의 재료를 고루 섞어 홍시겨자드레싱을 만든다.
6 그릇에 샐러드 재료를 풍성하게 담고 말린 청국장을 얹은 후 ②의 닭구이를 담는다. 여기에 홍시겨자드레싱을 끼얹어 낸다.

POINT ✱

닭가슴살은 튀기는 것보다 기름을 적게 쓰고 굽거나 그릴에서 굽는 것이 다이어트를 위해 좋으며 느끼하지 않아 샐러드와 잘 어울린다.

아내가 꼭 알아야 할 식재료 건·강·상·식

각종 채소와 말린 청국장, 홍시드레싱의 조화가 신선하다.

Cooking for
Your Man

* 웰빙 시대, 똑똑한 주부가 반드시 알아야 할

모둠샤브샤브와 쌈밥

재료

주재료_ 쇠고기(샤브샤브용) 300g, 새우(중하) 8마리, 모시조개 8개, 배춧잎 2장, 청경채 2포기, 생표고버섯 3장, 팽이버섯 1봉지, 간장·청주 1큰술씩, 시판 만두 8개, 각종 쌈 채소 약간씩

다시마가다랑어 국물 재료_ 다시마(15cm 길이) 2조각, 가다랑어포 1컵, 물 10컵

폰즈소스 재료_ 육수 1컵, 간장·식초 1/4컵씩, 무즙 4큰술, 송송 썬 실파 4큰술, 레몬 4쪽, 통깨 2큰술

쌈장 재료_ 왜된장·유기농 마요네즈 2큰술씩, 참기름·통깨 1작은술씩, 송송 썬 실파 1큰술

만 드 는 법

1 냄비에 물과 다시마를 넣고 한소끔 끓인 후 국물이 우러나면 불을 끄고 가다랑어포를 넣고 가라앉을 때까지 20분 정도 우린 다음 면포에 밭쳐 국물만 받아 다시마가다랑어 국물을 만든다.
2 볼에 ①의 육수 중 1컵을 붓고 분량의 재료를 넣어 폰즈소스를 만든다.
3 샤브샤브용 고기는 접시에 가지런히 담고 새우는 흐르는 물에 머리째 깨끗이 씻어 놓고 모시조개는 소금에 바락바락 비벼 씻어 해감을 토하게 한다.
4 배추와 청경채는 길이로 먹기 좋게 썰고 버섯은 납작하게 저미고 팽이버섯은 밑동을 잘라 가닥을 나눠 놓는다.
5 각종 쌈 채소는 따로 다듬어 깨끗이 씻은 후 큰 것은 먹기 좋게 썰거나 뜯어 놓는다.
6 볼에 분량의 재료를 넣어 덩어리지지 않게 고루 섞어 쌈장을 만든다.
7 전골냄비에 ①의 국물을 붓고 간장과 청주를 넣은 다음 한소끔 끓인다.
8 ⑦의 국물에 각자의 기호에 따라 고기와 해물, 만두, 채소, 버섯 등을 조금씩 넣어가며 익으면 건져 폰즈소스에 찍어 먹는다.
9 쌈 채소에 밥 한술을 얹고 익힌 고기와 쌈장을 덧얹어 쌈밥으로 먹어도 좋다.

아내가 꼭 알아야 할 식재료 건·강·상·식

샤브샤브는 고기와 채소를 가다랑어다시마 국물에 살짝 익혀 듬뿍 섭취할 수 있는 따뜻한 음식으로 추운 겨울 온 가족이 둘러앉아 푸짐하게 먹을 수 있다.

Cooking for Your Man

✱ 살은 안 찌면서 영양은 풍부한 생선탕

대구맑은탕

재 료

주재료_ 대구 1마리, 모시조개 4개, 무 150g, 미나리 30g, 대파 1/2대, 홍고추 1/2개, 쑥갓 3줄기, 콩나물 30g, 배춧잎 3장, 두부 1/4모, 애느타리버섯 20g, 생표고버섯 1장, 청주 2큰술, 식초 1큰술, 다진 마늘 1큰술, 소금 약간

다시마 국물 재료_ 멸치 20g, 다시마(15cm 길이) 1조각, 무 100g, 북어 머리 2개, 대파 1/2대, 마늘 4쪽, 마른 고추 1개, 가다랑어포 1/4컵

만 드 는 법

1. 대구는 비늘을 긁고 내장을 제거한 후 먹기 좋은 크기로 토막 내 깨끗이 씻은 다음 팔팔 끓는 물에 넣어 살짝 데친 후 건져 물에 씻어 놓는다(알과 고니도 준비해 놓는다).
2. 모시조개는 소금물에 담가 해감을 토하게 한 후 굵은소금으로 바락바락 비벼 씻는다.
3. 무는 한 입 크기로 납작하게 썰고 미나리는 손질한 후 5cm 길이로 썰고, 대파와 고추는 어슷하게 썬다.
4. 쑥갓과 콩나물은 다듬어 놓고 배추와 두부는 먹기 좋게 썬다.
5. 애느타리버섯은 굵은 것만 찢고 생표고버섯은 별모양으로 칼집을 넣는다.
6. 냄비에 다시마 국물 재료를 한데 넣고 30~40분 정도 팔팔 끓인 후 불을 끄고 가다랑어포를 넣어 우린 후 면포에 밭쳐 국물만 받는다.
7. 전골냄비에 ⑥의 육수를 붓고 끓으면 청주와 식초를 넣은 후 무와 손질한 대구를 넣고 한소끔 끓인 후 모시조개, 콩나물, 두부, 배추를 담고 다시 끓인다.
8. ⑦의 대구가 익으면 미나리, 대파, 표고버섯과 애느타리버섯, 고추, 다진 마늘을 넣고 끓이면서 소금으로 간을 맞춘 다음 불을 끄고 쑥갓을 넣는다.

아내가 꼭 알아야 할 식재료 건·강·상·식

대구는 겨울이 제철인 생선으로 양질의 단백질과 미네랄이 풍부하며 머리부터 아가미, 알까지 어느 것 하나 버릴 것 없는 알찬 생선이다. 지방이 적어 담백하며 비린 맛이 없다. 숙취 해소는 물론 저칼로리 고단백 영양식으로 남편의 원기 회복을 위해 권할 만하다.

Cooking for Your Man

✱ 꽁치를 먹으면 신경통이 사라진다

꽁치허브구이

재 료

주재료_ 꽁치 4마리, 토마토 · 양파 1개씩,
발사믹 식초 2큰술, 레몬 4쪽,
올리브기름 · 새싹채소 · 소금 · 후춧가루 약간씩
꽁치 밑간 재료_ 타임 4줄기, 소금 · 후춧가루
1/3작은술씩

만 드 는 법

1 꽁치는 비늘을 긁고 머리를 자르고 내장을 제거한 후 깨끗이 씻어 토막낸다.
2 ①의 꽁치를 어슷하게 칼집을 넣은 다음 종이행주로 물기를 걷고 분량의 밑간 재료를 뿌린다.
3 ②의 꽁치를 달군 그릴이나 생선구이용 팬에 꽁치를 넣어 앞뒤로 노릇하게 굽는다.
4 토마토와 양파는 1cm 두께로 모양을 살려 동글게 썰어 프라이팬에 올리브기름을 두르고 소금, 후춧가루를 뿌려 앞뒤로 굽는다.
5 새싹채소는 손질한 후 깨끗이 씻은 다음 얼음물에 담갔다가 건진다.
6 접시에 새싹채소를 담고 양파와 토마토구이를 올린 후 구운 꽁치를 얹는다.
7 ⑥에 발사믹 식초를 끼얹고 레몬을 곁들여 먹기 직전에 레몬즙을 짜 끼얹는다.

POINT ✱

꽁치는 보통 소금에 절였다가 굽지만 허브에 재웠다가 구우면 더욱 향긋하답니다. 여기에 발사믹소스를 곁들이면 색다른 풍미를 즐길 수 있지요.

아내가 꼭 알아야 할 식재료 건 · 강 · 상 · 식

'꽁치가 나면 신경통이 들어간다'는 속담이 있듯이 우리네 선조들은 신경통을 예방하기 위해 겨울철 꽁치를 즐겨먹었다. 꽁치에는 풍부한 비타민과 불포화지방산, 칼슘이 포함되어 있어 골다공증 예방과 각종 생활습관성 질병 예방에 도움이 된다.

Cooking for Your Man

* 한국식 피자는 맛 없다고 믿는 사람이라면 꼭 맛봐야 할

웰빙불고기피자

7

7

8

재 료

주재료_ 쇠고기(불고기감) 80g,
왕만두피 8장, 양파·청·홍피망 1/4개씩,
양송이버섯 2개, 고구마 1/4개,
슬라이스 치즈 2장, 모차렐라 치즈 60g,
올리브기름·소금·후춧가루 약간씩

불고기 양념장 재료_ 간장 1큰술,
다진 마늘·설탕 1/2작은술씩,
후춧가루·깨소금 1/3작은술씩, 참기름 1큰술

고추장유자소스 재료_ 고추장 2큰술,
유자청 1큰술

만 드 는 법

1 쇠고기는 불고기감으로 준비하여 잘게 자른 다음 분량의 불고기 양념장으로 버무려 달군 팬에 재빨리 볶는다.
2 왕만두피는 밀대로 밀어 얇게 늘려 놓는다.
3 양파, 피망, 버섯은 잘게 다져 놓는다.
4 고구마는 껍질째 깨끗이 씻은 후 1cm 두께로 둥글납작하게 썰어 접시에 펼쳐 전자레인지에 3분 정도 익힌다.
5 슬라이스 치즈는 반으로 썰고 볼에 분량의 재료를 한데 담아 고루 섞어 고추장유자소스를 만든다.
6 달군 팬에 올리브기름을 두르고 ③의 다진 채소를 넣어 소금과 후춧가루로 간하여 살짝 볶는다.
7 ②의 왕만두피에 슬라이스 치즈를 얹고 왕만두피로 맞덮은 후 고추장유자소스를 얇게 펴 바른 다음 볶은 채소와 쇠고기, 고구마 등 준비한 토핑 재료를 얹는다.
8 ⑦의 왕만두피에 모차렐라 치즈를 고루 덮은 후 200℃로 예열한 생선구이용 로스터에 넣어 치즈가 녹을 정도로 10분 동안 굽는다.

아내가 꼭 알아야 할 식재료 건·강·상·식

피자는 열량이 높고 햄, 소시지, 베이컨 등 육가공 재료를 많이 사용해 몸에 좋지 않으므로 신선한 고기와 채소를 듬뿍 넣은 한국적인 피자를 만들자. 배달 피자에 길들여진 남편이라도 이 피자를 먹어보면 그 맛에 매혹될 것이다.

Cooking for Your Man

✱ 상큼한 아이디어 하나가 남편의 건강을 지킨다

낙지들깨볶음

재료

주재료_ 낙지 2마리, 적양파 1/2개, 청피망 1/4개, 홍피망 1/6개, 쪽파 3뿌리, 목이버섯 4개, 샐러드용 채소(양상추 등), 굵은소금·올리브기름·참기름 약간씩

볶음양념장 재료_ 간장 2큰술, 볶은 들깨가루 3큰술, 청주·유자청 1큰술씩, 다진 마늘 1작은술

만드는 법

1 낙지는 내장을 제거하고 굵은소금으로 비벼 씻은 후 5~6cm 길이로 토막 낸다.
2 양파, 피망은 채 썰고 쪽파는 5cm 길이로 썬다.
3 버섯은 물에 30분 정도 불려 뒷면의 이물질을 손질하여 씻은 후 먹기 좋게 손으로 찢어 놓는다.
4 볼에 분량의 재료를 넣고 고루 섞어 볶음양념장을 만든다.
5 달군 팬에 올리브기름을 두르고 준비한 채소와 버섯을 볶다가 낙지를 넣고 ④의 볶음양념장을 넣어 볶은 후 참기름을 둘러 재빨리 섞는다.
6 접시에 샐러드 채소를 풍성하게 담고 그 위에 낙지들깨볶음을 담아낸다.

POINT ✱

낙지는 센 불에서 재빨리 볶아야 물이 덜 생겨요. 오래 볶으면 질겨지므로 주의하세요.

아내가 꼭 알아야 할 식재료 건·강·상·식

들깨에는 불포화지방산이 들어 있어 혈관의 노화를 막아주며 천연 항산화제인 비타민 A·C·E가 많아 몸속의 나쁜 독소나 유해 활성산소의 활동을 억제하므로 중년 남성들에게 좋은 식품이다. 또한 음식에 넣으면 구수하면서 깊은 맛을 낸다.

Cooking for
Your Man

* 고기의 진미를 느낄 수 있는 환상의 하모니

L.A갈비스테이크와 도라지미나리생채

재 료

주재료_ L.A갈비 8토막,
가래떡(20cm 길이) 1줄, 도라지 100g,
미나리 50g

고기 연육 양념 재료_ 키위 1개,
양파즙·배즙 2큰술씩

갈비 양념장 재료_ 간장 6큰술, 유자청 3큰술,
꿀 2큰술, 청주 2큰술, 참기름 2큰술,
다진 마늘 2큰술, 올리브기름 2큰술,
후춧가루·깨소금 1/3작은술씩

생채 양념장 재료_ 고춧가루·설탕·식초
1큰술씩, 통깨·송송 썬 실파 1작은술씩,
소금 1/3작은술

만 드 는 법

1 L.A갈비는 1cm 두께로 잘라 3등분하고 찬물에 30분 동안 담가 핏물을 뺀 다음 깨끗이 씻어 물기를 뺀 다음 종이행주에 놓아 핏물을 다시 한 번 제거한다.
2 고기 연육 양념에 들어가는 키위는 껍질을 벗겨 강판에 갈고 양파즙과 배즙을 혼합해 고기 연육 양념을 만들고 ①의 갈비를 30분 정도 재운다.
3 볼에 분량의 재료를 고루 섞어 갈비 양념장을 만든 다음 ②의 재운 연육 양념을 턴 후 갈비 양념장에 30분 정도 재운다.
4 가래떡은 5cm 길이로 토막 낸 후 길이로 반을 갈라 어슷하게 칼집을 넣어 ③의 갈비 양념장에 재운 다음 달군 팬에 ③의 갈비와 가래떡을 넣고 뭉근한 불에 타지 않게 앞뒤로 굽는다.
5 도라지는 칼로 한두 번 갈라 연한 소금물에 담가 씻고 미나리는 손질한 후 씻어 5cm 길이로 썬다.
6 볼에 분량의 재료를 한데 담아 고루 섞어 생채 양념장을 만든 후 ⑤의 도라지와 미나리를 조몰락조몰락 버무린 다음 접시에 L.A갈비스테이크와 구운 가래떡을 담고 생채를 곁들인다.

아내가 꼭 알아야 할 식재료 건·강·상·식

산성식품인 육류를 섭취할 때에는 샐러드보다 생채가 상큼하고 칼칼하여 고기의 진한 맛을 더욱 살려준다.

Cooking for Your Man

✱ 겨울철, 입맛을 잃은 남편에게

홍어회배추쌈

재 료

주재료_ 배춧잎(고갱이) 12장, 홍어 300g, 오이 1/3개, 무 1/8개, 미나리 20g, 배 1/6개, 양파 1/4개, 홍고추 1/2개, 대파 1/3대, 밤 1톨, 실파·소금 약간씩

무초절임 재료_ 설탕·식초 1/2큰술씩, 소금 1작은술

회무침 양념장 재료_ 고춧가루 4큰술, 고추장 1큰술, 두배 식초·조청·설탕 2큰술씩, 다진 마늘·깨소금 1큰술씩

만 드 는 법

1 배추는 연한 고갱이를 준비하여 흐르는 물에 가볍게 씻은 후 얼음물에 잠시 담갔다가 건진다.
2 홍어는 껍질을 벗긴 후 결 반대 방향으로 굵게 채 썰어 막걸리나 식초에 30분 정도 재웠다가 물기를 꼭 짠다.
3 오이는 어슷하게 썰어 소금에 절였다가 물기를 꼭 짜고 무는 납작하게 썰어 분량의 무초절임에 20분 정도 절였다가 물기를 꼭 짠다.
4 미나리는 다듬어 씻은 후 5cm 길이로 썰고 배와 양파는 굵게 채 썬다.
5 고추와 대파는 어슷하게 썰고 실파는 4cm 길이로 썬다. 밤은 얇게 저민 후 채 썬다.
6 볼에 분량의 재료를 넣고 고루 섞어 회무침 양념장을 만든다.
7 볼에 ②의 홍어와 준비한 채소를 한데 담고 ⑥의 회무침 양념장을 넣어 버무린 후 배와 미나리를 넣고 다시 살살 무친 다음 소금으로 간을 맞춘다.
8 배추 고갱이에 홍어회를 올리고 밤 채와 둥글게 썬 고추, 실파를 얹어 접시에 담는다.

POINT ✱

홍어는 껍질을 벗긴 후 막걸리나 식초를 자작하게 부어 조몰락조몰락 무친 다음 물기를 꼭 짜면 훨씬 꼬들꼬들한 육질을 즐길 수 있답니다.

아내가 꼭 알아야 할 식재료 건·강·상·식

홍어는 고단백 저지방 생선으로 겨울철부터 이른 봄 산란기에 먹어야 살이 연하고 맛이 일품이다.

Cooking for Your Man

✱ 상큼한 와인 한 잔과 어울리는 겨울 별미

석화냉채

재 료
주재료_ 석화 8개, 레몬 1/4개
올리브레몬소스 재료_ 올리브기름 2큰술, 고운 고춧가루 1/2작은술, 잘게 썬 청·홍고추 1작은술씩, 잘게 썬 양파 1큰술, 잘게 썬 마늘·식초·레몬즙 1작은술씩, 소금·흰 후춧가루 1/3작은술씩

만 드 는 법
1 석화는 칼집을 넣어 껍데기를 벌려 한쪽 껍데기를 떼어낸다.
2 껍질에 붙은 살을 떼어내 소금물에 가볍게 씻어 껍질에 다시 담는다.
3 올리브기름을 따끈하게 데운 후 고운 고춧가루를 넣어 고추기름을 우려낸 다음 식힌다.
4 ③의 고추기름에 분량의 재료를 넣어 올리브레몬소스를 만든다.
5 손질한 석화에 썬 레몬 조각을 놓고 ④의 소스를 끼얹어낸다.

POINT ✱
석화 껍데기 한쪽을 제거한 것을 사면 더 편리하고, 껍데기를 직접 떼려면 면장갑을 끼고 해야 안전해요.

아내가 꼭 알아야 할 식재료 건·강·상·식
석화냉채는 상큼한 보졸레 와인이나 화이트 와인과 마셔도 좋지만 따끈한 청주와도 잘 어울린다. 생굴을 싫어하는 사람은 굴을 살짝 데쳐서 사용해도 좋다.

Index

ㄱ
가지아스파라거스무침 84
건강 빵에 곁들이는 마늘잼 126
검은깨대추죽 24
검은깨전병 158
검은쌀백숙 62
검은콩가루를 넣은 햇감자전 44
게살냉채 70
견과류과일샐러드 78
견과류떡갈비구이 144
굴튀김간풍부추 150
김치버섯누름적 156
깻잎나물 96
꽁치허브구이 172
꽃게탕 52

ㄴ
낙지들깨볶음 176
낙지버섯전골 112
냉메밀쟁반 66
냉이청국장가루된장무침 18
녹차라테 86

ㄷ
단호박양갱 164
단호박치즈구이 158
닭가슴살청국장샐러드 166
닭육개장 88
대구맑은탕 170
도라지미나리생채 178
도토리묵 오이지냉국 90
돌나물흑두부샐러드 20
돌미나리주꾸미무침 32
두릅순나물 96
두부견과류조림 138
두부스테이크 50

두유선식 78
들깨향의 고구마순나물 96

ㄹ
라이스샐러드 22
라임소스샤브샤브구이 108
레드와인에 졸인 배 104
로열밀크티 152

ㅁ
말차 152
매운 돼지갈비오렌지엿조림 154
매운 해산물냉채 120
메로된장구이 102
메밀싹겉절이 148
모둠샤브샤브와 쌈밥 168
모둠채소구이샐러드 28
모둠채소와 오렌지겨자드레싱 36
무샐러드 140

ㅂ
뱅어포구이 74
버섯채소볶음 102
병어조림 42
보리리조토 128
봄나물비빔밥 38

ㅅ
사과조림오렌지소스 104
산마해물채소전 48
새송이버섯장조림 24
새우녹차찜냉채 76
새우마늘종볶음 74
새우토란들깨탕 130
새우파프리카전 56
생더덕 장아찌 114

생표고버섯양념꼬치구이 110
석화냉채 182
송이버섯구이 136
송이버섯밤밥 136
쇠고기유자청구이 140
수삼샐러드 108
수삼연두부주스 160
수삼오이말이 64
실부추겉절이 132
쌀국수해물탕 146
쌈밥과 해물쌈된장 98

ㅇ
아스파라거스쇠고기말이구이 46
여름 만둣국 92
연어허브구이 94
L.A갈비스테이크 178
오미자화채 86
오이참치회 82
오이해초냉국 90
옥수수통마늘구이 94
요구르트유자드레싱 144
웰빙미숫가루화채 86
웰빙불고기피자 174
유자닭봉연근구이 132
유자청깨소스와 삼겹살조림 34
일본식 삼치구이 54

ㅈ
전복수삼밥 60
조개쑥수제비 40
조랭이떡대추탕 160

ㅊ
참나물메밀전병 72
참나물무침 72

참마달걀죽 124
채소피클 128

ㅋ
콩나물흑미잡채 134
콩샐러드와 토마토주스 80

ㅌ
통단호박수프 126
통도라지 찹쌀구이 114
통밀빵샌드위치와 딸기주스 26

ㅍ
파스타콩국 68
패주수삼꼬치구이 122
푸른콩싹버섯덮밥 30

ㅎ
한국식 해물스파게티 118
항정살녹차소금구이 148
홍어회배추쌈 180
황태버섯비지찌개 162
황태콩나물찜 116
흑초밤맛탕 164
흰살생선찜 106

스타일링 협찬처입니다.
우리그릇 려 02-546-2710
쓰임 02-514-8198